Guerra psicológica

La guía fundamental para entender el comportamiento humano, el lavado de cerebro, la propaganda, el engaño, la negociación, la psicología oscura y la manipulación

Índice

Introducción

¿La guerra psicológica suena a novela de James Bond? Nunca podría afectarle, ¿verdad? La verdad es que todos vemos alguna forma de guerra psicológica a diario. Este libro está lleno de formas fáciles de entender, sin jerga, para reconocer a la gente que quiere manipular su mente. Si quiere una guía completa para dejar de ser manipulado por los medios de comunicación, por su jefe, o incluso por su pareja, no busque más.

El consejo de un experto no tiene que ser complicado y difícil de entender. *Guerra psicológica: La guía fundamental para entender el comportamiento humano, el lavado de cerebro, la propaganda, el engaño, la negociación, la psicología oscura y la manipulación* contiene métodos y ejercicios para todos. Incluso si no reconoce ninguna forma de manipulación o engaño a su alrededor, vale la pena conocer los peligros potenciales que pueden surgir en el futuro.

Capítulo 1: ¿Qué es la guerra psicológica?

La guerra psicológica se conoce con una variedad de nombres: PSYWAR, guerra política, «Corazones y Mentes», PSYOP, y propaganda, por nombrar algunos. Aunque la mayoría de la gente reconoce la aparición de la guerra psicológica a partir de la Segunda Guerra Mundial, tiene orígenes mucho más antiguos y se remonta a la misma humanidad.

La guerra psicológica es el uso de técnicas de no combate para engañar e intimidar a los oponentes e influir en su integridad psicológica. Las técnicas empleadas están diseñadas para atacar los pensamientos, las emociones y las actitudes con propaganda y amenazas e influir en las acciones de las personas.

La propaganda no es un concepto amenazador cuando se usa solo. Daniel Lerner escribió sobre la teoría de la propaganda «negra», «blanca» y «gris» en su libro de 1949 *Sykewar; Psychological Warfare Against Germany, D-Day to V-E Day.*

- **Propaganda blanca:** significa, el uso de información veraz con un sesgo moderado para influir en los oponentes. En la Segunda Guerra Mundial, esto incluía millones de folletos lanzados desde aviones sobre territorio amigo y enemigo. Los panfletos dejaban clara su fuente y contenían información diseñada para fomentar el apoyo y las contribuciones del público objetivo.

- **Propaganda gris:** a menudo anónima y con información principalmente verdadera. Si hay declaraciones falsas, es poco probable que puedan ser desmentidas. Se trata de presentar argumentos legítimos que están fuera del orden del día, pero sus fuentes no están claras.

- **Propaganda negra:** en pocas palabras, noticias falsas. Este tipo de propaganda puede contener tanto declaraciones verdaderas como falsas, pero su fuente parecerá legítima. Este tipo de propaganda está diseñada para ser totalmente creíble y se distribuye con intenciones subversivas.

La diferencia entre la propaganda gris y negra suele ser una línea fina. La forma más efectiva de la propaganda negra, es cuando parece provenir de fuentes confiables. A menudo la forma de delación es cualquier vínculo con la propaganda gris, menos convincente.

Hay muchas formas diferentes de guerra psicológica, pero el resultado es el mismo. Las tácticas empleadas están diseñadas para desmoralizar, influir en las creencias, cambiar los motivos y agitar las emociones. El objetivo de estas tácticas puede ser desde el hombre de la calle hasta la más alta forma de gobierno, incluyendo a todos los que se encuentran en medio.

Formas simples de guerra psicológica

- **Boca a boca:** la comunicación cara a cara puede parecer fiable, pero puede contener rumores y falsedades.

- **Medios de entretenimiento:** quizás pensamos que la televisión y el cine se utilizan puramente para el entretenimiento, pero pueden influenciarnos sin darnos cuenta. Los mensajes y la información sutiles pueden presentarse como una diversión inofensiva, pero pueden ser una forma eficaz de alterar los pensamientos y las creencias de las personas.

- **Medios de audio:** si escucha la radio, ya conocerá el poder del sonido. El suave ruido de fondo puede filtrarse y registrarse con bastante facilidad. Aunque se concentre en otras cosas, su cerebro está hecho para registrar el sonido.

- **Medios visuales:** los folletos, periódicos y revistas pueden parecer anticuados, pero todavía juegan un papel en la guerra psicológica. Utilizan imágenes visuales para apelar a nuestros instintos básicos e influir en nuestros pensamientos.

- **Fuentes en línea:** por supuesto, la Internet y las influencias en línea no pueden ser ignoradas. A medida que pasamos más tiempo mirando pantallas, su posibilidad de influir en nuestros pensamientos aumenta.

Entender la guerra psicológica significa entender su papel en la batalla, la arena por excelencia de los enemigos, y el conflicto.

Tácticas típicas de la guerra psicológica

- **Folletos impresos:** usar folletos impresos para sugerir que el enemigo debe retirarse del campo de batalla. Distribuir folletos simples con un mensaje fuerte de que la rendición es su única opción siembra semillas de duda en los combatientes cansados y temerosos de la batalla. Las instrucciones sobre cómo rendirse de forma segura a menudo van acompañadas de la garantía de que no les pasará nada.

- **Exageración:** el enemigo a menudo se puede convencer de sus debilidades al atestiguar un ataque masivo del bando contrario. El empleo de gran número de tropas con armamento avanzado a menudo conducirá a una baja de la moral y sentimientos de derrota en el otro lado.

- **Privación de sueño:** este simple, pero efectivo, método consiste en proyectar sonidos fuertes y molestos o música rock en el campamento enemigo. Lo cual lleva a una falta de sueño, que hace a las tropas ineficaces y poco lúcidas.

- **Rumores acentuados:** si el enemigo cree que el otro tiene armas avanzadas químicas o biológicas, puede ser tan efectivo como tenerlas. Crear una amenaza con efectos devastadores hará que se replanteen sus estrategias.

- **Eventos de «bandera falsa»:** si un lado puede convencer a su enemigo de que tiene aliados, puede ser un punto de inflexión en cualquier guerra o batalla. Crear eventos y ataques que parecen ejecutados por nuevos combatientes puede hacer que el enemigo se sienta abrumado y derrotado.

Primeros ejemplos de guerra psicológica

Desde la prehistoria, los humanos han comprendido la importancia de conseguir ventaja para ganar la batalla, desplegando métodos ingeniosos para bajar la moral del enemigo y debilitar su espíritu.

- **Los silbatos aztecas de la muerte:** a finales de los años 90, los arqueólogos desenterraron dos instrumentos con forma de cráneo en México. Un templo dedicado al dios del viento reveló el esqueleto de un hombre sacrificado agarrando los dos objetos. Se identificaron como «silbatos de la muerte», a menudo utilizados para intimidar al enemigo en la batalla. Se informó que sonaban como el «grito de los mil cadáveres», los silbatos se usaban para poner nervioso al enemigo y quebrar su voluntad.

- Escudos sagrados: en el 525 a. C., el emperador Cambises II de Persia utilizó el amor de los egipcios por los gatos para derrotarlos en la Batalla de Pelusio. La primera línea de los soldados persas tenía perros, gatos y ovejas rehenes. También se dice que los soldados dibujaron gatos en sus escudos y sujetaron gatos reales a sus armaduras. Todos estos animales eran venerados por los egipcios, lo que les hacía dudar al atacar.

- Terror visual de Tamerlán: en el siglo XIV, el mundo musulmán y partes de Asia estaban gobernadas por Tamerlán, también conocido como «Tamerlán el cojo», un líder lisiado por la parálisis. Se dice que decapitó a sus enemigos y utilizó sus habilidades para construir pirámides. A Tamerlán se le atribuyen algunas de las tácticas de terror más efectivas que haya visto el mundo antiguo. Tras su triunfo sobre el Imperio otomano, encerró al sultán en una jaula y lo exhibió en sus habitaciones.

- Vlad el Empalador: a menudo considerado como la inspiración del personaje de Bram Stoker «Drácula», Vlad el Empalador comprendió la importancia de la guerra psicológica en el siglo XV. A menudo se enfrentaba a fuerzas más grandes y poderosas que las suyas, pero sabía cómo luchar con recursos limitados. Empalar cadáveres en estacas resultó ser una forma eficaz de infundir terror incluso a los oponentes más formidables.

- Genghis Khan: uno de los exponentes más eficaces de la guerra psicológica, Khan comprendió cómo utilizar la desinformación para engañar a sus enemigos. Exageró el tamaño de sus fuerzas y utilizó maniquíes montados en caballos para reforzar el efecto. Empleó timbales para destrozar los tímpanos de sus oponentes y evitar que durmieran. Tenía espías en todos los campos y sin duda sabía más de sus oponentes que sus enemigos de él. Los mongoles se convirtieron en una fuerza mítica preparada para matar gran número de tropas y civiles por igual.

El uso moderno de la guerra psicológica

El primer uso significativo de la guerra psicológica en el siglo XX ocurrió durante la Primera Guerra Mundial. Cuando la guerra estaba en marcha, se comprendió rápidamente el uso de las tácticas para hacer al resto del mundo más empático con los británicos. Gran Bretaña tenía fuertes redes que utilizó para crear comunicados interculturales y vencer en la batalla gracias a las buenas relaciones.

Gran Bretaña también tenía un gran servicio diplomático que había funcionado antes con otras naciones. Los alemanes, por el contrario, intentaron previamente incitar revoluciones en varias partes del mundo, lo cual formó una opinión desfavorable.

A principios de la guerra, se creó una Agencia de Propaganda que incluía a algunos de los grandes literatos de la época. Luminarias como Rudyard Kipling, Thomas Hardy, y otros autores notables, compusieron varias publicaciones para convencer al mundo de que los británicos eran «los buenos». Los panfletos enumeraban las atrocidades cometidas contra los ciudadanos comunes por las fuerzas alemanas y estaban ilustrados con imágenes cargadas de emoción para reforzar la información. Estos panfletos se distribuyeron en territorios neutrales para animar a las naciones a unirse a su lucha.

Más adelante en el conflicto, la agencia cambió sus métodos. Concentró su objetivo en las tropas alemanas que habían pasado muchos años en condiciones atroces en las trincheras. Los folletos fueron diseñados para que parecieran escritos por los prisioneros de guerra detenidos en Gran Bretaña. Daban la impresión de tener condiciones humanas, buena comida y ropa limpia. Instaban a los soldados a rendirse contando historias de la jerarquía alemana que comía bien y vivían una buena vida. Se cree que más de 25 millones de estos folletos fueron impresos y distribuidos durante el conflicto.

Los británicos no fueron los únicos en emplear estas tácticas. Los líderes franceses tomaron el control de los medios de comunicación de la nación y los usaron para crear artículos y folletos que repudiaban a las fuerzas y al gobierno alemán. Francia trabajó mano a mano con sus contrapartes europeas para crear sentimientos negativos hacia las fuerzas alemanas. Se cree que los alemanes descubrieron el poder de las operaciones psicológicas mucho más tarde. Tuvieron éxito al crear buenos sentimientos dándole a Lenin, un revolucionario ruso, un viaje gratis en un tren seguro después de la derrota del Zar. Esta acción llevó a Rusia a retirarse de la guerra poco después.

Guerra psicológica en la Segunda Guerra Mundial

Unas décadas más tarde, el mundo entró de nuevo en conflicto. Durante toda la guerra, el Eje y los Aliados hicieron un uso prolongado de la propaganda dirigida a la manipulación psicológica del enemigo. La guerra ya no era una prueba de la superioridad armamentística o de las tropas armadas. Implicaba la manipulación de las peores partes y más vulnerables de la psique humana para reducir sistemáticamente a los soldados a caer sobre sus rodillas hasta que estuvieran demasiado desmoralizados para luchar.

Se distribuyeron folletos que mostraban la infidelidad marital e imágenes de familias destrozadas por la guerra. Fueron diseñados para aumentar la inseguridad que sentían los soldados con esposas y seres queridos en casa. Hitler introdujo primero psicólogos capacitados para que le ayudaran en sus esfuerzos bélicos, pero Gran Bretaña entró rápidamente a la carrera por el dominio psicológico.

Surgió la ciencia de la psiquiatría de combate, y por primera vez se enumeraron los efectos psicológicos de la guerra en el individuo.

Se descubrió que la angustia de la guerra consiste en cinco etapas diferentes que son:

1) Dolor.

2) Frío.

3) Hambre y sed.

4) Fatiga.

5) Aburrimiento y soledad.

Inicialmente, las tropas están ansiosas por ir a la batalla y llenas de entusiasmo nervioso. Cuando entran en la zona de combate, surge una sensación de resignación. Empiezan a sentir su mortalidad y se deprimen. Están en un lugar extraño, rodeados por el ruido y los olores del campo de batalla. A medida que el proceso continúa, empiezan a pensar en la familia en casa. El entorno al que se enfrentan día tras día se vuelve abrumador, y se hunden aún más en la depresión. Es entonces cuando son vulnerables a la guerra psicológica, y ambos contendientes se dieron cuenta de esto al principio del conflicto.

La propaganda radial surgió en todos los bandos acompañada de folletos impresos, periódicos y boletines de noticias. Los Aliados usaron películas, imágenes con carga emocional y campañas de radio para infiltrarse en los frentes nacionales del enemigo.

Cuando Estados Unidos entró en el conflicto, el nivel de propaganda se elevó considerablemente. Los japoneses también eran adeptos de la guerra psicológica, y cada campaña en el escenario del Pacífico contó con una forma de operativo psicológico de ambos lados.

Posiblemente la forma más controvertida de guerra psicológica fue el bombardeo de Pearl Harbor en Hawai por los japoneses. El ataque fue diseñado para desmoralizar a los Estados Unidos y hacerlos salir del conflicto. Los japoneses pensaron que un movimiento tan audaz haría retroceder a los Estados Unidos y abandonar a los aliados. Este fue posiblemente el mayor error de todo el conflicto. El ataque despertó el espíritu de lucha de los Estados Unidos y provocó una campaña arrasadora con miras a las Islas del Pacífico. El bombardeo de Hiroshima y Nagasaki finalmente bajó el telón de la guerra y los aliados triunfaron.

Iraq y las armas de destrucción masiva

Más recientemente, los ciudadanos de Estados Unidos y el Reino Unido fueron sometidos a una campaña de desinformación, la cual afirmaba que Iraq tenía «armas de destrucción masiva». Esto produjo la invasión de Iraq, con base en «pruebas» supuestamente en poder de los gobiernos de ambos países. Esta información provenía del más alto nivel de gobierno de ambas naciones, y el llamado a la guerra parecía inevitable.

Esta forma de guerra psicológica se utiliza para manipular al público para que apoye las políticas gubernamentales que de otra manera serían rechazadas. ¿El gobierno creía genuinamente en la existencia de estas armas, o usaba la afirmación para manipular al público?

La guerra psicológica en la vida cotidiana

Las acciones que llevamos a cabo y las palabras que decimos siempre afectarán a otras personas en cierta medida. ¿Pero estamos sujetos a un nivel más alto de manipulación psicológica? La respuesta simple es sí.

Tomemos la publicidad. Las imágenes que ve, y los productos que observa están cuidadosamente colocados para inducir a la compra. La gente atractiva se utiliza para hacer desear la vida o las pertenencias que están publicitando. Al usar modelos para comercializar un producto, hacen creer que si compra aquel producto en particular parecerá más atractivo.

El lenguaje asertivo es usado por los publicistas y los medios de comunicación para animar a la gente a conformarse. Utilizan frases diseñadas para hacer que el cliente se sienta mejor consigo mismo. El uso de «lenguaje asertivo» implica una combinación de persuasión y empatía al mismo tiempo.

El lugar de trabajo es también un lugar donde se utilizan métodos psicológicos de manipulación. Esto no siempre es algo malo. Un gran gerente podrá usar el condicionamiento psicológico para animar a los miembros del equipo y obtener lo mejor de ellos. Los malos gerentes usarán formas agresivas de manipulación que pueden resultar en el efecto contrario.

La verdad es que los estímulos psicológicos nos rodean. Esto no debería ponernos nerviosos o paranoicos, pero debemos ser conscientes de que la manipulación es parte de nuestra vida diaria. Aprenda a detectar información veraz y a descartar la información fabricada que le presentan.

Capítulo 2: Todo comienza con las personalidades oscuras

Ahora nos adentramos en el mundo de las personalidades humanas. Nuestro comportamiento y personalidades son lo que nos forman como seres humanos, y las personas que exhiben rasgos de personalidad oscura han sido descritas como parte de la «Tríada Oscura». Este término fue acuñado por los psicólogos para las personas que son propensas a manipular y engañar a otros para salirse con la suya.

La Tríada Oscura es un término utilizado para describir los tres rasgos de personalidad que indican una personalidad «oscura».

Tres rasgos de personalidad

1) Narcisismo. Algunos de los signos menos obvios de un narcisista son:

- Son agradables: los narcisistas clásicos darán una gran primera impresión. Son confiados y carismáticos.

- Se encontrarán en roles de liderazgo: no es que sean buenos líderes, pero les encanta asumir el rol. Los narcisistas estarán muy seguros de sí mismos y, por lo tanto, es muy probable que soliciten ascensos.

- Siempre se las arreglan para dirigir la conversación hacia ellos mismos: no importa que otro tenga la noticia más emocionante de la historia, en pocos minutos, la conversación tratará sobre ellos.

- Se niegan a asumir la culpa: cuando un narcisista habla de sí mismo, normalmente será sobre sus éxitos y triunfos. Incluso cuando la historia involucra el fracaso, nunca será culpa del narcisista.

- Les encanta verse bien: los narcisistas aprovecharán al máximo su apariencia y estarán bien arreglados. Esto no significa que todas las personas atractivas o las que se enorgullecen de su apariencia sean narcisistas.

- Se compran lo mejor: los objetos materiales son muy importantes para los narcisistas, y les encanta exhibirlos. Un ejemplo de narcisismo es una persona que conduce un Maserati, y se jacta del buen precio al que lo consiguió.

- La presencia en las redes: cómo se presentan a los demás es muy importante para los narcisistas. Serán conscientes de cada imagen en sus redes sociales, y no tendrán ni una sola imagen mala. Tendrán una amplia gama de amigos y pasarán mucho tiempo manteniendo su presencia online.

- Todo es personal: un narcisista no aceptará ninguna forma de crítica. Será una afrenta a su propia imagen, y no reaccionarán bien.

- Dificultad para mantener las relaciones: los narcisistas buscan constantemente mejorar la persona con la que están y por eso son más propensos a la infidelidad. Tendrán un historial de relaciones fallidas e infidelidad.

2) Maquiavelismo. Los rasgos comunes de este trastorno de personalidad son:

- Enfoque en sí mismo: se centran únicamente en sus propias ambiciones e intereses.

- Utilizan la adulación para ganarse a los demás: están tan seguros de sí mismos que incluso las mentiras más descaradas pueden interpretarse como adulación. Convencen a otras personas de que las admiran y las encuentran especiales.

- Puede resultar difícil que presten atención: cuando hablan con alguien, a menudo se distraen con otras conversaciones o eventos. Esto se debe a que creen que todos los demás están por debajo de ellos y que hay algo más interesante en otra parte.

- Mienten con facilidad: su brújula moral está totalmente sesgada. Creen que el fin justifica los medios, y que cualquier mentira que digan es perfectamente aceptable.

- Carecen de moral y de principios: las convenciones sociales normales son para otros. Creen que tienen el derecho de comportarse según sus propios límites morales.

- Falta de empatía: no entienden que los demás importan o que sus acciones afectan emocionalmente a otras personas. Las personas con rasgos maquiavélicos no podrán mostrar simpatía o remordimiento. No pueden conectarse con la gente o consolarla cuando es necesario.

- No logran mantener relaciones: nadie es lo suficientemente bueno para ellos, por lo que buscan constantemente mejorar su pareja.

- Propensión a encuentros sexuales casuales sin sentir culpa: no creen que la infidelidad esté mal. Simplemente ven la oportunidad de tener sexo con alguien como algo auto-satisfactorio y gratificante. Engañarán a sus parejas regularmente, y esta es parte de la razón por la que no pueden mantener relaciones.

- Pueden mostrar altos niveles de paciencia: por su naturaleza calculadora ven la oportunidad en cada encuentro. Esto significa que pueden estar más dispuestos a mostrar paciencia con personas o situaciones que pueden resultar valiosas para ellos en el futuro.

- Priorizan los objetos materiales sobre las relaciones personales: la gran casa y el coche lujoso serán mucho más importantes para ellos que una pareja amorosa o una familia feliz. Los maquiavélicos se preocupan por la impresión que dan a los demás y cómo los perciben.

En pocas palabras, las personalidades maquiavélicas son egoístas, auto-obsesivas, y bastante inconscientes de las necesidades de los demás.

3) Psicopatía. Los rasgos comunes de un psicópata son:

- Un enorme sentido de la auto-importancia: incluso el más pequeño cumplido servirá para inflar su ego.

- Requieren estimulación constante: los psicópatas notoriamente tienen dificultades para comprometerse. Encontrarán las situaciones tranquilas difíciles de mantener. Están buscando constantemente el próximo momento de peligro o excitación.

- Nunca piden perdón: creen que todas sus acciones están justificadas, así que por qué necesitarían disculparse. No son conscientes de las emociones o sentimientos de otras personas.

- Falta de remordimiento: en la mente del psicópata, una vez que se comete una acción, se vuelve redundante. Inmediatamente buscan la siguiente emoción o subidón emocional. Cuando sus acciones son cuestionadas, genuinamente no pueden sentir remordimiento. No tienen el concepto de contrición.

- Vida sexual promiscua: el sexo les proporciona una inyección de adrenalina, por lo que están constantemente buscando encuentros sexuales. Los psicópatas a menudo intentarán tener sexo con parejas de ambos sexos, ya que no se trata tanto del encuentro físico, sino más bien del estimulo a su ego. Buscarán encuentros que les proporcionen peligro y excitación.

- Falta de emoción: no tienen emociones, pero pueden ser expertos en fingirlas. Entienden la importancia que otras personas dan a las muestras de emoción y pueden ser convincentes cuando se les pide.

- Falta de moderación: parte de la falta de emoción es una abrumadora ausencia de miedo. Sin miedo, los límites se reducen. ¿Por qué no hacer algo si no tiene miedo?

- Creen que el mundo les debe: son expertos en usar el encanto, la adulación y la manipulación para manejar a la gente a su voluntad. Esto les permite tener éxito sin trabajar a un nivel normal. Si ven la manera de mejorar sus circunstancias, la tomarán, sin importar cómo afecte a los demás.

- Metas y ambiciones a corto plazo: no ven el sentido de planificar el futuro porque es un concepto que no entienden. Los psicópatas viven el momento y no entienden las metas o ambiciones a largo plazo.

- Propensos a estallidos de mal temperamento o de rabia: si las cosas no van como quieren, pueden llegar a un nivel de estrés tal que reaccionan con repercusiones violentas. Incluso el más mínimo contratiempo puede parecerles devastador, ya que no tienen el concepto de fracaso y no saben cómo lidiar con él.

- Pueden ser encantadores cuando tratan de influenciar a los demás: entienden cómo sacar partido del encanto cuando es necesario.

- Tienen un historial de problemas de comportamiento en la infancia: habrán sido niños «problema» desde la adolescencia... Pueden tener un historial de crueldad con otros niños y animales. Sus padres habrán encontrado imposible controlarlos o disciplinarlos.

- Propensos a cometer pequeños delitos: nada está fuera de los límites de un psicópata. Incluso el más pequeño de los crímenes les dará una emoción momentánea, y estarán constantemente buscándola.

En un mundo perfecto, estos rasgos no serían «normales» en personas exitosas, pero todos sabemos que el mundo está lejos de ser perfecto. Los narcisistas tienen éxito al elegir a sus parejas, aunque no tengan la habilidad de formar relaciones a largo plazo. Los rasgos maquiavélicos también son útiles para la manipulación social, y cuando se combinan con una personalidad narcisista, confieren una marcada ventaja en las citas.

La combinación de los dos primeros rasgos de la Tríada Oscura también es ventajosa para aquellos que buscan entrar en el mundo de los negocios o en la política. Las personas con estos rasgos serán naturalmente capaces de manipular a los demás y perseguir sus objetivos con una ambición despiadada. No se preocuparán si hacen sufrir a alguien en su camino hacia el éxito. Es cierto que aquellos que tienen acero en su interior encontrarán el camino más rápido que aquellos con conciencia.

Un informe publicado en el *Journal of Business Ethics* (Diario de Ética Empresarial) en 2016 declaró que los tres comportamientos de la Tríada Oscura funcionan en conjunto para permitir que la gente actúe fraudulentamente sin considerar las consecuencias. El informe titulado *The Effects of the Dark Triad on Unethical Behavior* (Los efectos de la Tríada Oscura en el comportamiento poco ético), concluye que el narcisismo motiva a los individuos a adoptar comportamientos no éticos para los demás. El maquiavelismo altera entonces las percepciones de los actos y comportamientos y le da al perpetrador un sentido de justicia fuera de lugar. La psicopatía les ayuda a racionalizar el comportamiento y eliminar todos los sentimientos de culpa o remordimiento.

Los factores «D»

Los proyectos de investigación recientemente publicados han propuesto una definición más amplia del lado oscuro de la personalidad humana. Han acuñado la frase «el factor D» para cubrir algunos de los otros rasgos de la personalidad que son indicativos de una personalidad oscura.

La Tríada Oscura tiene diferencias notables y puede encontrarse de forma individual o en conjunto en las personas, pero deben examinarse algunos otros rasgos de la personalidad.

- **Rencor:** cualquiera que haya utilizado la frase «cortarse la nariz para fastidiar la cara» entiende la concepción común del rencor. Es la voluntad de ponerse en riesgo para asegurarse de que otras personas sufran.

-**Falta de moral**: los procesos de pensamiento empleados por una persona son diferentes a los de los demás y le permiten comportarse sin emociones negativas. No tienen angustia, culpa o vergüenza, incluso cuando se comportan de forma poco ética.

- **Egoísmo**: no debe confundirse con el egotismo, el egoísmo es la teoría ética basada en la búsqueda de los intereses propios. El egotismo es la exageración del valor de un individuo.

- **Sadismo:** el deseo de causar dolor por placer. Los sádicos creen que tienen derecho a causar dolor y sufrimiento a los demás, para su propio placer.

Los estudios han demostrado un factor común entre todos los rasgos de personalidad oscuros. Es la tendencia a poner los objetivos e intereses personales por encima de cualquier otra cosa. Este núcleo común demuestra una justificación moral para la angustia, el dolor y el sufrimiento causado a otros sin ninguna forma de repercusiones emocionales, como el remordimiento. Sin embargo, no todos los factores de personalidad oscura son iguales, y pueden resultar en acciones y comportamientos diferentes.

¿Cómo se miden los rasgos de la tríada oscura?

Hay múltiples formas de evaluar si alguien tiene rasgos psicológicos definidos por la Tríada Oscura. La forma más popular es probar a un individuo con un test de inventario personal, para explorar la presencia de estos rasgos indeseables.

Una de las formas más populares de esta prueba fue desarrollada en 2010 cuando dos psicólogos de Florida colaboraron para producir una prueba de doce preguntas que fue apodada la «Docena Sucia».

El cuestionario tiene cuatro preguntas por rasgo. Las primeras cuatro se relacionan con el maquiavelismo, las cuatro del medio con la psicopatía, y las cuatro finales con el narcisismo. Cuanto más alto sea el puntaje, más fuertes serán las tendencias.

Las primeras cuatro preguntas se refieren a la actitud del individuo hacia la manipulación, la adulación, la explotación y el engaño cuando trata de influenciar a los demás. Las cuatro preguntas del medio se refieren a su actitud hacia el cinismo, la moralidad, el remordimiento y los niveles de insensibilidad. Las cuatro últimas preguntas se refieren a declaraciones sobre sí mismos, su autopercepción, cómo los ven los demás y la importancia del prestigio y el estatus.

Se pide a los participantes que califiquen las declaraciones con una marca para indicar la relevancia que creen que tiene cada una. Cuanto más alta sea la puntuación, más altas serán las tendencias de la Tríada Oscura. Hay múltiples pruebas disponibles en línea, algunas son más elaboradas y otras son más simples. Si realmente quiere descubrir cuán oscura es su personalidad, le pueden dar una indicación. Siempre que responda honestamente, ¡por supuesto!

Mientras que la policía y las agencias de la ley usan regularmente estos tests para establecer los rasgos de personalidad de los sospechosos, ¿pueden ser útiles para otras agencias que necesitan saber con quién están tratando?

Los militares, por ejemplo, han descubierto algunos datos interesantes sobre la presencia de los rasgos de la Tríada Oscura en su personal. La comunidad científica estudió la presencia de estos rasgos en el personal que cometió crímenes de guerra mientras servía en el ejército y encontró bastantes ejemplos. Tanto en el conflicto de Iraq como en el del Afganistán, hubo ejemplos de soldados que cometieron atrocidades contra civiles mientras prestaban servicio en aquellos países. El abuso sistemático de los prisioneros ha sido un problema recurrente en las fuerzas armadas y revela la probabilidad de que algunos soldados tengan un núcleo interno de oscuridad.

Por supuesto, se puede argumentar que toda persona que se inscriba voluntariamente en un trabajo que implique combatir y/o matar a otras personas debe tener un conjunto especial de aptitudes. Esto es evidente, especialmente en el ejército, ya que los soldados de élite a menudo presentan rasgos oscuros. Tienen la agresividad y la falta de moderación moral para hacer el trabajo, sin importar las consecuencias. El escenario de la guerra no tiene reglas y restricciones regulares, y a veces el personal con estos rasgos oscuros es esencial para el éxito.

Se ha sugerido que se requieren pruebas más rigurosas para detener los incidentes de crímenes de guerra y el comportamiento inaceptable. Sin embargo, también hay investigaciones que sugieren que el entrenamiento militar de los cadetes está diseñado para hacerlos más dominantes y agresivos socialmente. Desarrollar un equilibrio saludable es el objetivo obvio, pero mejorar el estándar de la ética militar puede eliminar algunos rasgos oscuros muy necesarios que forman parte de un soldado exitoso.

Entonces, ¿qué podemos deducir de los tipos de personalidad de la Tríada Oscura? Las personas con estos rasgos a menudo tendrán éxito inicialmente y cosecharán las recompensas de su seguridad y su enfoque en lo personal, junto con la falta de moral. Sin embargo, bajo un escrutinio a largo plazo, serán descubiertos. Habrá situaciones de fraude, mentiras descaradas, engaños y descrédito general. Es inevitable que todos tengamos algún contacto con personas con rasgos de personalidad oscuros, e incluso podemos encontrarlos encantadores al principio. Reconocer cuándo cortar los lazos podría ahorrarle una tonelada de dolor y darle tranquilidad.

Tenga en cuenta que la mayoría de los psicópatas y otras personalidades de la Tríada Oscura dan una buena primera impresión. Intente rascar la superficie tan pronto como pueda y vea lo que hay debajo de ese encantador y brillante exterior. Puede que encuentre un interior más oscuro que podría ser peligroso para usted y su cordura.

Capítulo 3: El arte del engaño

Si alguien le dice que nunca ha dicho una mentira, entonces la verdad es que es un mentiroso. Mientras que la mayoría de la gente suele ser honesta, la persona promedio miente al menos una vez al día. El engaño es una forma común de comunicación, practicada por todos. Algunas mentiras son enormes, mientras que otras se despliegan para mejorar las situaciones o para evitar los sentimientos de alguien.

La verdad es que es difícil evitar la mentira. Lo hacemos para conseguir lo que queremos. Lo hacemos para evitar situaciones embarazosas. Lo hacemos para encubrir nuestros errores, etc., etc. y el engaño puede ser un hábito difícil de romper. Sin embargo, si le atrapan en una mentira, puede ser destructivo. Otras personas se sentirán engañadas y decepcionadas por sus mentiras. Se distanciarán y animarán a otros a desconfiar de usted. Si dice la verdad siempre que sea posible, puede evitar este vacío social y llevar una vida más feliz.

Cómo reconocer a un buen mentiroso

El engaño, la falsedad, el fraude, las artimañas y la astucia son los cimientos de la personalidad de la Tríada Oscura. Son expertos en situaciones sociales y pueden mentir descaradamente.

Aquí hay algunas formas de detectar a un mentiroso experto:

- Son intérpretes naturales: piense en los actores y en el trabajo que hacen. Los actores «fingen» ser otra persona para ganarse la vida. Son mentirosos profesionales. Si está en compañía de alguien que parece estar actuando y hablando con una audiencia, su radar debería sonar.

- Son manipuladores: los buenos mentirosos pueden dirigir las conversaciones y situaciones para adaptarlas a su agenda. Si surge un tema que les hace sentir incómodos, tendrán una estrategia para cambiar el tema rápidamente, pero sin incomodidad.

- Son expresivos y atractivos: puede parecer injusto, pero se confía más en las personas atractivas que en sus pares menos atractivos. Combine la atracción con una animada forma de hablar, y tendrá la fórmula perfecta para un mentiroso creíble. Por supuesto, no todas las personas bonitas son mentirosas, pero intente y recuerde ser más consciente cuando se enfrente a una persona atractiva y animada.

- Son elocuentes: tropezar las palabras o llenar la conversación con pausas verbales como «hmm» o «uh» no es muy atractivo. Un buen mentiroso evitará frases insignificantes como «ya sabes» o «es como», pues la elocuencia es más convincente.

- Buena memoria: los mentirosos a menudo son atrapados por una falla de memoria. Las inconsistencias en una historia son la clave más importante cuando se trata de detectar una mentira.

- Mantienen información oculta: cuando se enfrenta a una pregunta directa, un mentiroso experimentado será frugal con los detalles. Evitará los detalles y dirá lo menos posible. Usan frases como «Realmente no puedo recordar» o «No tengo recuerdos claros» diseñadas para evitar la necesidad de una mentira construida.

- Constantemente intentan demostrar su honestidad: la gente honesta no necesita convencer a nadie de que son honestos y declaran sus hechos e información sin respaldo. Cuando alguien miente, puede que sienta la necesidad de asegurar sus «honestas» intenciones. Frases como «Juro que es verdad» o «para ser honesto» deberían hacer sonar las alarmas. Al enfatizar su honestidad, lo más probable es que sean deshonestos o mientan.

- Tienen respuestas ensayadas: cuando le hace una pregunta a una persona honesta, se detendrá y pensará su respuesta. La pausa puede ser solo un segundo o algo así, pero puede decir mucho. Los mentirosos tienen un guion y ensayan sus respuestas de antemano. Si alguien da una respuesta inmediata llena de detalles y ejecutada sin problemas, podría ser una mentira. La mayoría de la gente esperaría que los mentirosos vacilen por no estar preparados para las preguntas repentinas, pero en realidad puede ser al contrario. Si le pregunta a alguien qué hizo en las vacaciones del año pasado, la gente honesta tendrá que tomarse un momento para recordar. Las respuestas ingeniosas y pulidas son una señal de deshonestidad.

- Atención a los pronombres: los mentirosos tratan constantemente de distanciarse de sus mentiras. Evitarán usar los pronombres «yo», «mí» y «mío» en la conversación. Se referirán a sí mismos en tercera persona. En la escritura, el punto de vista más común es la tercera persona, y así el uso de la misma por los narradores está bien documentado. Esto tiene mucho sentido, ya que los mentirosos básicamente cuentan una historia, por lo cual reconocer este tipo de discurso puede ser una buena forma de identificar una mentira.

- Tono y estructura: escuchar la voz de alguien puede ser una gran manera de identificar una mentira o un mentiroso. Cuando la gente dice una mentira, puede haber un ligero cambio en el tono de su voz y en la forma de estructurar las frases. Tal vez escuche un tono de voz más alto o más bajo. Si el ritmo de habla de una persona se altera, puede significar que no es sincera. Las personas honestas hablan con un tono constante y medido, ya que no tienen nada que ocultar.

Cuando el cerebro trabaja en exceso para pensar diferentes maneras de construir información fresca, puede olvidarse de regular los patrones de habla y el tono de voz.

El lenguaje corporal de un mentiroso

Los signos de que alguien miente pueden ser difíciles de detectar, especialmente si es un mentiroso experimentado. No hay formas probadas para determinar con un 100% de certeza si alguien miente, pero hay algunas señales a las que hay que estar atento. Las pistas verbales son importantes, pero el lenguaje corporal puede decirnos aún más. La forma en que una persona reacciona ante una situación será más difícil de controlar y puede darnos pistas importantes cuando alguien miente. El lenguaje corporal representa el 55% de nuestra percepción cuando nos comunicamos con otras personas.

Entonces, ¿qué debemos buscar?

Cambios rápidos en la posición de la cabeza

Si alguien sacude la cabeza justo antes de responder a una pregunta, podría ser un indicio; no es sincero. Inclinar la cabeza o girarla hacia un lado es una señal segura de que algo está mal. Cualquier movimiento repentino de la cabeza debe considerarse una posible advertencia de mentiras.

Cambios en la respiración

Al mentir, el cuerpo siente presión, y se tensa. Cuando la gente miente, está tensa y nerviosa, lo cual afectará su ritmo cardíaco normal. Se eleva, y esto, a su vez, aumenta el flujo de sangre. Los hombros se pondrán tensos y se elevarán de su posición normal y la voz de la persona se volverá superficial. Básicamente, experimentará sensaciones relacionadas con la falta de aliento, que cambiarán los patrones de respiración.

Rubor y sudor

Los síntomas anteriores también provocan aumento de la temperatura, lo que podría dar lugar a mejillas rojas y a coloración de la tez. El sudor en el labio superior es un signo seguro de ansiedad, al igual que las palmas de las manos sudorosas. Cualquier signo de un aumento de la temperatura sin causa externa podría ser una señal de mentiras.

Falta de movimiento

Un error común es pensar que la gente se inquieta al mentir. Las sacudidas y los movimientos nerviosos pueden indicar un nivel de ansiedad normal. De hecho, la falta de movimiento es un signo mayor de que algo no está bien. El cuerpo humano se prepara para una respuesta de lucha o huida, y quedarse quieto es la primera etapa de la respuesta de lucha.

El cuerpo se prepara para la confrontación y conservará la energía para la lucha que se avecina. Cuando la gente habla y se relaciona con otros, es normal mover el cuerpo con movimientos sutiles, relajados y en su mayoría inconscientes. La falta de movimiento, que conduce a una forma de postura catatónica y rígida, es un signo seguro de prepararse para una discusión.

Pueden tocar o cubrir su boca

Se ha demostrado que es una de las señales más claras de que alguien le está mintiendo. Cubrir la boca con la mano es una respuesta automática a las falsedades o a los enfrentamientos. Cuando los adultos levantan sus manos y las colocan frente a sus labios o boca, indican una desconexión con lo que comunican. Puede que no se den cuenta de que están haciendo el gesto y continúen la conversación, pero hay que advertir que sus palabras pueden contener alguna dosis de falsedad.

Pueden cubrir partes vulnerables del cuerpo

La garganta, el pecho, el abdomen y la cabeza son partes vulnerables del cuerpo. La piel suave de estas zonas está particularmente en peligro cuando se las ataca. El hecho de cubrir estas zonas con una mano indica cierto nivel de ataque o miedo. Esto puede no aplicarse a los mentirosos como tal, pero indica que se ha tocado un nervio con algo dicho. Cuando esté conversando con la gente, esté atento a este gesto indicador de que les está causando preocupación.

Arrastrar los pies

Una rápida mirada a los pies de alguien puede decir mucho. Ya hemos mencionado la respuesta de lucha o huida con la que los humanos nacen. Mientras que el resto del cuerpo puede estar preparándose para luchar, arrastrar los pies es otra señal de un potencial mentiroso. Están incómodos con la situación y están ansiosos por escapar.

La incapacidad de hablar

El sistema nervioso automático es propenso a la tensión cuando se miente, y se secará la saliva de la boca. Esto causa que la membrana mucosa se seque y no funcione correctamente. Ver a alguien fallar al intentar hablar puede significar que este proceso es muy intenso. Morderse el labio y fruncir la boca también son intentos inconscientes de generar saliva por otros medios.

Contacto visual

Pensamos que la gente que no mantiene el contacto visual puede ser vista como sospechosa. Deben tener algo que ocultar, ¿verdad? Aunque esto es cierto, hay otra cara de la moneda. Los mentirosos experimentados lo compensan con una cantidad desmesurada de contacto visual. Usarán una mirada fría y dura para tratar de intimidar y a menudo serán los últimos en romper el contacto. La gente honesta que tiene una conversación natural ocasionalmente romperá el contacto visual y luego lo reanudará. Este es un comportamiento normal, pero los mentirosos tratarán de usar una mirada de acero para controlar y manipular.

Este tipo de contacto puede producir que los ojos se resequen. Vigile el parpadeo rápido, ya que esto indica un esfuerzo por rehidratar los ojos sin romper el contacto.

Gestos agresivos

Si un mentiroso siente que se le confronta o está a punto de ser descubierto, intentará cambiar de rumbo las cosas con agresividad. Señalar las cosas, sacar la barbilla y los movimientos de los brazos son una indicación de que le está calando hondo. Su cara puede que todavía mantenga una expresión mesurada y tranquila, pero cualquier signo de agresión es una señal segura de nerviosismo.

¿Cuáles son los diferentes tipos de engaño?

La forma más común de engaño es decir directamente algo que no es verdad. Luego están los mentirosos que distorsionan los hechos para hacerlos parecer verdaderos. Dejar información fuera se considera como el pecado de omisión. Las mentiras egoístas tratan de conseguir lo que se quiere, hacer ver mejor y cubrir cualquier error. Algunas personas usan este tipo de mentiras para aumentar sus sentimientos de autoestima y confianza.

¿Podría mentirme a mí mismo?

Por supuesto. Mentir no es solo un proceso de cara al exterior. Las mentiras que la gente se dice a sí misma caen en dos categorías diferentes. Si está inflando su autoestima con mentiras, entonces corre el riesgo de no asumir los problemas a los que se enfrenta. Esto puede conducir a graves sentimientos ilusorios que pueden salirse de control.

Por otro lado, está la idea de que mentirse a sí mismo sobre sus límites puede ser una forma positiva de pensar. Piénselo, cuando se imagina a sí mismo alcanzando logros que en el fondo no está seguro de que sean posibles, ¿es una mentira, o es solo una actitud mental positiva? Las mentiras no siempre son blancas o negras, y nunca serán totalmente erradicadas de la psique humana.

Al considerar la guerra psicológica y la manipulación de los demás, es importante entender ciertas formas de engaño. El gaslighting es una táctica que entra en la categoría de la lucha más sucia. Es una táctica en la que una persona o entidad hace que su víctima se cuestione cada aspecto de su ser. Manipulan a las víctimas durante un período de tiempo hasta que tienen el control total. Es una forma de lavado de cerebro que se ha utilizado durante siglos y que aún está viva y en buen estado en los tiempos modernos.

La técnica ha sido utilizada por dictadores, líderes de cultos y abusadores, y puede estar dirigida a individuos o grupos de personas.

Entonces, ¿qué tan bien cree que funciona su «detector de mentiras»? ¿Puede detectar a un mentiroso en minutos? La verdad es que la mayoría de nosotros nos enfrentamos a tantas mentiras diariamente; que hemos perdido la capacidad de detectar el engaño. La información anterior debería darle la capacidad de convertirse en un detector de mentiras de la vida real. Así que, aquí tiene una prueba para ver cuál es su cociente de detección de mentiras.

Estas veinte preguntas evaluarán su cociente de detección mentiras:

1) ¿Cuál de estas respuestas indica el nivel más alto de deshonestidad?

    a) «Para ser honesto...»

    b) «Para ser brutalmente honesto...»

    c) «Honestamente...»

2) ¿Cómo reconoce una sonrisa falsa?

    a) Falta de movimiento de los músculos alrededor de los ojos.

    b) Falta de movimiento de los músculos alrededor de la boca.

c) Falta de movimiento de los músculos alrededor de la mandíbula.

3) Cuando alguien dice una mentira, parpadea rápidamente:

a) Cierto.

b) Falso.

c) Probablemente.

4) El uso de la cronología estricta se encontrará en:

a) Una historia verdadera.

b) Una historia falsa.

c) Cualquier tipo de historia.

5) Al formular una pregunta detallada, ¿una persona deshonesta repetirá algún detalle?

a) No.

b) Repetirán detalles clave.

c) Repetirán toda la declaración.

6) Una persona engañosa evitará el contacto visual:

a) A veces.

b) Cierto.

c) Falso, en su lugar usarán el contacto visual excesivo.

7) ¿Una persona mentirosa responderá a una pregunta al azar tras hacer una pausa?

a) A veces.

b) Nunca.

c) Siempre.

8) Cuando alguien dice una mentira...

a) Permanecerá quieto.

b) Se moverá con naturalidad.

c) Se excitará desmedidamente con sus movimientos.

9) Si pilla a alguien en una mentira, ¿debería...:

    a) Preguntarle directamente qué le hizo mentir?

    b) Mantenerse callado y dejarle hablar?

    c) Preguntarle qué sintió al mentir?

10) Cuando alguien miente, la mayoría de las pistas provienen de...

    a) Sus palabras.

    b) Su comunicación no verbal.

    c) Una mezcla de las dos.

11) Un mentiroso experimentado usará lo siguiente para parecer creíble:

    a) Gestos expresivos.

    b) Declaraciones grandiosas.

    c) Todo lo anterior.

12) Cuando alguien se cubre la garganta con la mano, es un indicador:

    a) Sinceridad.

    b) Mentira.

    c) Miedo.

13) Los Mentirosos experimentados...

    a) Usarán pronombres personales.

    b) Hablarán en segunda persona.

    c) Usarán pronombres en tercera persona.

14) Si está interrogando a alguien y sus ojos se dirigen a la izquierda, ¿está diciendo la verdad?

    a) Está diciendo la verdad.

    b) No es seguro.

    c) Está mintiendo.

15) Si alguien se ríe cuando responde a una pregunta, ¿significa que está mintiendo?

a) Siempre.

b) Nunca.

c) A veces.

16) ¿Los mentirosos usan el sarcasmo?

a) Siempre.

b) Nunca.

c) A veces.

17) Cuando alguien miente, su respiración se vuelve:

a) Más rápida.

b) Más lenta.

c) Sigue igual.

18) Si alguien le miente a un grupo de personas, se colocará:

a) En el centro de atención.

b) En las afueras del grupo.

c) En un lugar donde tenga una interacción limitada con el resto del grupo.

19) ¿Cree un buen mentiroso en las cosas que dice?

a) No.

b) A veces.

c) Sí.

20) ¿Los mentirosos se desenvuelven bien en situaciones sociales?

a) A veces.

b) Siempre.

c) Nunca.

Aunque esta es una prueba divertida, debería darle una idea de cómo está calibrado su «detector de mentiras». Sume los puntos para ver su resultado.

Respuestas

1. a) = 3 b) = 5 c) = 1
2. a) = 3 b) = 5 c) = 1
3. a) = 5 b) = 1 c) = 3
4. a) = 1 b) = 5 c) = 3
5. a) = 1 b) = 3 c) = 5
6. a) = 3 b) = 1 c) = 5
7. a) = 3 b) = 5 c) = 1
8. a) = 5 b) = 1 c) = 3
9. a) = 3 b) = 5 c) = 1
10. a) = 1 b) = 3 c) = 5
11. a) = 1 b) = 3 c) = 5
12. a) = 1 b) = 5 c) = 3
13. a) = 1 b) = 3 c) = 5
14. a) = 1 b) = 3 c) = 5
15. a) = 1 b) = 3 c) = 5
16. a) = 1 b) = 5 c) = 3
17. a) = 5 b) = 3 c) = 1
18. a) = 5 b) = 1 c) = 3
19. a) = 1 b) = 3 c) = 5
20. a) = 3 b) = 5 c) = 1

Los resultados son los siguientes

Menos de 35: oh querido, tiene un alma confiada. Tal vez usted es uno de los inocentes del mundo y le encanta el hecho de ver lo mejor de la gente. La vida, sin embargo, se levantará y le morderá en el culo. Tiene que darse cuenta de que hay gente mala por ahí y le dirán mentiras. Tal vez no esté listo para ser un miembro cínico y duro de la sociedad, pero necesita agudizar sus instintos.

Entre 35 y 70: esta es la categoría promedio del detector de mentiras. Entiende que le mienten regularmente, pero tiene la habilidad de detectar las realmente peligrosas. Puede que caiga algunas veces, ¡pero sobrevivirá!

Más de 70: bueno, ¡saludos al detector de mentiras humano! Nadie se va a aprovechar de usted en un futuro próximo. Puede detectar «mentiras» desde el principio y nadie le tomará el pelo. Sin embargo, tal vez quiera controlarlo un poco, ya que a veces podría parecer frío y cínico.

Capítulo 4: Guerra psicológica en las relaciones

En los siguientes capítulos, discutiremos diferentes tácticas de guerra psicológica en las relaciones y en el trabajo. Una de las tácticas más devastadoras se conoce como «gaslighting». Antes de profundizar en las diferentes formas en que el *gaslighting* afecta una relación, es importante entender los principios básicos del insidioso proceso y lo destructivo que puede ser.

¿Qué son las tácticas de gaslighting?

1) El perpetrador dice mentiras descaradas. Imagine una mentira muy descarada dicha con la cara seria. Esto sienta un precedente. Si puede decirle una mentira tan grande desde el principio, entonces ¿qué se puede esperar en el futuro? Ahora usted se encuentra en desequilibrio y no está seguro si algo de lo que le dicen es verdad.

2) El perpetrador usa negación absoluta sin importar la situación. Cuando alguien utiliza el *gaslighting*, lo negará todo. Incluso si usted lo atrapa en una mentira, o lo escucha decir algo hiriente, le mirará a los ojos y lo negará. Cuanto más lo hagan, más dudará de usted mismo.

3) El perpetrador usará la guerra emocional para aplastarlo. Una vez que hayan descifrado lo que es importante para usted, usarán esta información para destruirlo. Denigrarán las cosas que son la base de su ser. Si está orgulloso de algo en su vida, intentarán hacer que no valga nada.

4) El perpetrador le desgastará lentamente. Una de las cosas efectivas del *gaslighting* es que se hace gradualmente. El perpetrador se tomará su tiempo y destrozará sus defensas con comentarios sarcásticos y mentiras de vez en cuando. Saben cómo introducir las semillas de la duda y alimentarlas con comentarios despectivos.

5) El perpetrador cambiará de táctica y tratará de ser positivo. Cuando alguien no tiene nada bueno que decir sobre usted, hay más posibilidades de que usted reconozca lo que está tratando de hacer. Cuando usan comentarios positivos para describirle, le hacen cuestionar su juicio. Se trata de hacer que usted se replantee todas sus decisiones y que concluya que se imagina las cosas.

6) El perpetrador proyecta sus faltas sobre usted. Si está en una relación en la que su pareja le engaña, a menudo le lanzará la misma acusación. Esta es una táctica de desviación en la forma más simple. Al empezar a defenderse, se distraerá del comportamiento aberrante del *gaslighting*, y perderá de vista la situación.

7) El perpetrador atrae a un grupo de «personal de apoyo», por así decirlo. Los *gaslighters* reconocen a las personas que se mantendrán de su lado sin importar lo que hagan. Luego se dirigirán a estas personas para que reiteren los comentarios negativos sobre usted. Utilizarán comentarios comunes como «mira, te dije que tu comportamiento estaba equivocado, esta persona también lo piensa», para aislarle. Cuantas más personas estén de acuerdo con el *gaslighter*, más fuerte se vuelve. Destruirán sus defensas hasta hacerle creer que es la única persona en la que puede confiar. Esto le llevará de vuelta a ellos, y tendrán el poder en sus manos.

8) El perpetrador cuestionará su cordura. Todos tenemos miedo de ser vistos como locos o desquiciados. Un *gaslighter* usará el término para debilitarlo personalmente y frente a otras personas. A medida que empiece a cuestionar su cordura, caerá en una espiral de dudas.

La guerra psicológica no se limita al campo de batalla o a los conflictos internacionales. Nos rodea, y la única manera de asegurarse de no convertirse en una víctima es reconocer las tácticas.

Las relaciones forman una parte clave de la vida y pueden ser experiencias satisfactorias y maravillosas. Incluso cuando las relaciones se terminan, uno puede quedarse con recuerdos increíbles y cariño por su antigua pareja. En un mundo perfecto, podríamos tener relaciones exitosas con rupturas amistosas y pasar al siguiente capítulo de nuestras vidas.

Por supuesto, todos sabemos que este no es un mundo perfecto, y que estaremos sujetos a malas relaciones, pero ¿qué podemos hacer al respecto?

Reconocer lo que sucede y lidiar con ello es el primer paso para entender cómo mejorar, sanar o simplemente alejarse de las relaciones problemáticas.

¿Está listo para empoderarse? Revisemos estas formas clásicas de manipulación y cómo lidiar con ellas:

1) Intimidación: es la forma de manipulación menos sutil y más fácil de reconocer. Su pareja usará tácticas agresivas para salirse con la suya. Por ejemplo, puede pedirle que le lleve al trabajo y le recoja después. Esta puede ser una petición normal, pero el tono de voz debe revisarse. ¿Hay posibilidad de elegir, o la forma de pedirlo es amenazadora? Si es la segunda, entonces debería pensar cuan importante es esta relación. ¿Siente que la agresión puede pasar de la violencia verbal a la física? Si la respuesta es «sí» o incluso «tal vez», entonces corte de inmediato.

2) Gaslighting: si alguna de las tácticas de *gaslighting* mencionadas antes suena familiar, retírese de inmediato. Si su pareja constantemente juega con su mente y cuestiona su cordura, le están manipulando de la peor manera posible. Es abuso.

3) Hacerse la víctima: ¿se ha visto pedir disculpas incluso cuando no estaba equivocado? Su compañero está jugando a ser la víctima. Está usando catalizadores emocionales para hacerle sentir mal a usted a la vez que encuentra cómo sentirse justificado. Si su pareja se niega a asumir la responsabilidad de sus actos, debe cortar este comportamiento de raíz. Discúlpese por lo que ha hecho, pero rehúsese a disculparse por el mal comportamiento ajeno.

La mejor manera de hacerlo es diseccionar el argumento y decir algo como: «Me disculpo por enojarme y levantar la voz, pero me molestas con tus acciones. Me hiciste sentir mal, y deberías disculparte por ello». Con suerte, esto conducirá a una discusión franca y limpiará el ambiente.

4) Debilidad conveniente: ¿constantemente debe tomar las riendas de la relación? ¿Su pareja se siente convenientemente débil o tiene dolor de cabeza cuando le pide ayuda con las tareas domésticas? ¿Sufre de ansiedad cuando quiere que le acompañe a alguna ocasión especial? Sin embargo, cuando llega el momento de ir a eventos divertidos, parece que encuentran la energía para salir y pasarlo bien. A menos que tengan problemas de salud subyacentes, le manipulan haciéndole sentir lástima por ellos.

¿Realmente quiere tener una relación con alguien a quien compadece? Si se queda en una relación porque se preocupa por lo que le pasará a su pareja si se va, no es una situación saludable. Póngase en primer lugar y haga planes para irse. Si puede organizar un sistema de apoyo para su pareja cuando se vaya, le ayudará. Lo más probable es que estará bien, pero usted se sentirá mejor.

5) Nada es gratis: si se siente obligado hacia su pareja cuando hace algo por usted, entonces le están manipulando. En una relación sana, debe ser capaz de dar y recibir regalos y favores sin sentir que hay ataduras. Es normal que hagan cosas interesantes el uno para el otro, pero no debe haber ninguna obligación de corresponder.

6) Usar su amor como una herramienta para conseguir lo que quieren: ¿ha escuchado la frase «Si me amaras...» a menudo? ¿Su pareja empieza peticiones con esta frase? ¿Utiliza la culpa y la emoción para controlar sus respuestas? Si usted le dice que no, ¿empezarán de nuevo las frases de manipulación emocional para forzarle y avergonzarle para que cumpla? Si escucha «Lo harías si me quisieras» cuando dice «no» a algo, entonces tiene que ponerle fin.

Intente un método de comunicación diferente. Puede que sienta que es normal involucrar los sentimientos en una conversación, pero no es saludable hacerle sentir culpa a la pareja. Dígale que se contenga y que exprese sus peticiones de manera diferente. Dígale que usted seguirá tomando en serio su petición, incluso sin manipulación emocional.

Podría decir algo como: «Aunque no lleve el coche al taller, no significa que te quiera menos» o «Puedo seguir queriéndote con todo mi ser sin hacer todo lo que me pidas». Pida una forma de comunicación más directa y dígale que deje utilizar la relación para conseguir las peticiones más mundanas.

7) Chantaje emocional: este tipo de manipulación es fea. Juega con sus sentimientos más profundos y le convierte en un rehén. Cuando alguien usa amenazas y declaraciones dramáticas para evitar que se vaya, juega con sus emociones más profundas. Cuando su compañero le dice que morirá si se va o que se suicidará si se va, le está chantajeando.

Le hace sentir responsable de la vida de otra persona, y eso no está bien. En una relación sana, puede que sienta una responsabilidad parcial por la felicidad y el bienestar de su pareja, y eso está bien. Sin embargo, nunca debe sentirse el único responsable de su vida.

En este tipo de situaciones, las amenazas son solo eso. Amenazas vacías diseñadas para atarlo a esa persona por el tiempo que quiera que permanezca. Le quitan cualquier tipo de elección y le mantienen como un rehén emocional. Usted puede lidiar con esto usando terapia de pareja y asesoramiento para averiguar por qué sucede. O podría simplemente irse. No hay razón para ser cruel, y cuando su pareja amenace con hacerse daño, puede prometerle que le conseguirá ayuda médica, pero tome distancia de este tipo de acciones. Dígale que no puede lidiar con las amenazas de hacerse daño a sí mismo y váyase. Puede parecer duro, pero tiene que dejar de sentirse culpable o responsable.

8) Usar la bondad como arma: antes de descartar este tipo de manipulación, intente pensar por qué su pareja es amable con usted. ¿Usa regalos y cumplidos para llevarle a hacer algo que no quiere? Todos sabemos que el comienzo de una relación puede ser mágico. Ambos están en el período de luna de miel, y los regalos serán una parte normal de su noviazgo. Sin embargo, si los regalos y cumplidos son exagerados, considere si son usados como una forma de soborno.

Además, considere si los cumplidos tienen motivos ocultos. Por ejemplo, si su pareja le dice constantemente que se está desperdiciando en su trabajo actual, y debe solicitar un ascenso o buscar un puesto mejor pagado, puede haber dos razones para ello. La primera razón podría ser que genuinamente piense que usted es capaz de mucho más y le apoya en su carrera. Sin embargo, podrían estar tratando de manipularle. Si es perfectamente feliz en su trabajo actual, pero su pareja le está presionando para que lo cambie, podría ser que esté tratando de manipularle para que consiga un puesto mejor pagado. ¿Acaso ven su potencial aumento de salario como una forma de hacer su vida más fácil?

9) Equipo forzado: en una relación saludable, ambos tendrán sus propias opiniones, y también trabajarán bien en equipo. Cuando uno de los miembros de la pareja es manipulador, obligará a formar un equipo forzado. Por ejemplo, si su pareja tiene un desacuerdo con un amigo sobre política, hablará a nombre de los dos como una unidad. «Creemos que los demócratas son...» por ejemplo. Ahora, esto está bien si tienen las mismas ideas políticas, pero si usted tiene un punto de vista diferente, entonces le han robado su opinión. Cuando su compañero usa esta táctica, puede convertirse en rutina y significa que usted perderá su voz e individualidad.

Si escucha constantemente la palabra «nosotros» o frases como «somos un equipo» o «lo hemos logrado», y le hacen sentir incómodo, entonces haga algo al respecto. Hable y dígale firmemente que tiene sus propias opiniones y puntos de vista. Si el comportamiento continúa, entonces necesita cortar la relación y reclamar su independencia.

10) El castigo de silencio: a veces uno puede enfadarse tanto con alguien que no encuentra las palabras para decírselo, así que no dice nada. Y eso está bien, está esperando el momento oportuno para que la ira se calme. Pero si su pareja usa este tipo de castigo regularmente, le está manipulando.

Señales clave para identificar el uso perjudicial del silencio

- Cuando su pareja se niega a hablar con usted, pero habla felizmente con otras personas en la misma habitación. Esto indica un lado sádico de su carácter, ya que le aísla y le hace sentir menos digno a usted.

- Si su pareja se niega a reconocerle, aunque alguien se refiera a usted. Por ejemplo, está en una fiesta, y alguien le pregunta a su pareja si usted quiere tomar algo. Entonces se niegan a responder y actúan como si usted no existiera. Esto es humillante y está diseñado para hacerle sentir avergonzado.

11) Usar el humor para avergonzarle: todos tenemos nuestros problemas, y su pareja sabrá exactamente qué es lo que le molesta a usted. En una relación sana, le animará y ayudará a superar sus inseguridades. Si tiene problemas con su peso o apariencia, le dirá que se ve bien y se asegurará de que usted se sienta bien consigo mismo.

Los manipuladores aprovecharán todas las oportunidades para resaltar sus inseguridades y las utilizarán para hacerle sentir mal. Por lo general, expresarán sus comentarios con humor y bromearán sobre sus defectos. Intentan hacerle sentir inadecuado e inútil para mantener su dominio sobre usted. Si se siente seguro o poderoso, entonces le será más fácil dejarlos.

12) Se niegan a mostrar emociones: cuando se produce un conflicto, una pareja sana tendrá una discusión, aireará sus quejas y llegará a una resolución. Sí, puede haber lágrimas, voces elevadas o ira. Si su pareja se niega a mostrarle sus emociones, está tratando de mantenerlo a usted bajo control. No es normal estar tranquilo, calmado y sereno todo el tiempo. Combine esto con los comentarios que le dirige, sugiriendo que usted es el irracional, una forma de *gaslighting*.

Recuerde que tener emociones es normal. Intente animar a su pareja a expresarse más cuando ocurra un conflicto. Si no puede obtener una respuesta, entonces podría ser el momento de buscar una terapia. Puede haber una razón profunda para la falta de emociones de su pareja.

Cualquiera que sea la forma de manipulación que esté experimentando, es probable que sea consciente del abuso en algún nivel. Si hay algún indicio o una campana de advertencia sonando en su cabeza, lo menos que puede hacer es hablar al respecto. No tiene que ser con su pareja; puede intentar hablar con un amigo de confianza o un miembro de la familia. Alguien más puede tener una perspectiva diferente de lo que está sucediendo y podría ayudarle a enfrentar la realidad.

Lo peor que puede hacer es ignorar lo que está pasando y esperar que todo mejore. Las malas situaciones solo empeorarán, y saldrá herido.

Capítulo 5: Guerra psicológica en el trabajo

Considere cómo se divide su día normal. La mayoría de la gente pasa un tercio de su vida en el lugar de trabajo, especialmente en los días de semana, por lo que nos gustaría pensar que es un lugar donde podemos sentirnos cómodos. Sin embargo, debido a que algunas personas son competitivas y, en algunos casos, rencorosas, puede ser un lugar incómodo y estresante para estar.

Si hay personas que muestran rasgos de personalidad asociados con la Tríada Oscura en su lugar de trabajo, puede ser perjudicial para su salud, así como para su trabajo. Usarán tácticas poco éticas para tener éxito y pueden ser responsables de fraude financiero y explotación en su lugar de trabajo.

La conciencia es el factor clave combinado con la vigilancia en el lugar de trabajo. Identificar a los compañeros con rasgos de personalidad oscuros no es un indicio claro de práctica fraudulenta, pero ayuda a poner las cosas en perspectiva. Algunos de los líderes y profesionales más exitosos mostrarán algunos de los rasgos indicados por la Tríada Oscura. Por ejemplo, centrarse en los logros, la confianza en uno mismo y el escepticismo profesional son todos rasgos de personalidad que pueden conducir al éxito en la carrera. La clave es mantener los aspectos negativos bajo control y evitar comportamientos cuestionables.

Cómo detectar los rasgos de personalidad oscura

Considere los siguientes elementos y si aplican a las personas con las que trabaja:

Señales de Narcisismo

- Presumir de sus habilidades de liderazgo.

- Compararse rutinariamente con los líderes establecidos.

- Pedir favores a los demás constantemente.

- Ser siempre el centro de atención.

- Solo hacer trabajos que tienen recompensas y compensaciones.

- Creerse más que los otros cuando están en compañía de personas importantes.

Señales de maquiavelismo

- Se les conoce por ser sigilosos y utilizar cualquier método para lograr resultados.

- Usar la adulación de manera inapropiada.

- Falta de empatía con los compañeros de trabajo.

- Se les sorprende regularmente mintiendo sobre cosas irrelevantes.

- No se puede confiar en que guarden secretos. Usarán la información para menospreciar a la gente.

- Manipular a otras personas para ascender.

Señales de Psicopatía

- Tomar parte del comportamiento inapropiado siempre que sea posible.

- No tener remordimientos ni moralidad.

- Tomar riesgos sin considerar cómo sus acciones afectan a los demás.

- Tener un estilo de vida turbulento que parece estar fuera de control.

- Tener una vena cruel.

- Falta de sensibilidad.

Todos podemos reconocer al menos uno de estos rasgos en nosotros mismos, y no es motivo de pánico. Algunas de las personas más exitosas en el presente y en la historia tienen varios de estos rasgos. Sin embargo, tienen una personalidad equilibrada en general y sabrán evitar que estos se conviertan en dominantes.

Si le preocupa alguien con quien trabaja o ha reconocido algún comportamiento de alerta, existen opciones. Trataremos esto más adelante cuando hayamos abordado otras prácticas que podrían resultar problemáticas.

Intimidación en el trabajo

Los estudios han demostrado que hasta el 25% de las personas serán testigos de alguna forma de acoso en el lugar de trabajo durante su vida laboral. Podemos pensar que es posible identificar a las personas con rasgos de personalidad oscuros, pero los matones pueden tener un conjunto diferente de comportamientos. Algunas personas creen que la intimidación en el lugar de trabajo sucede en su cara y está definido por acciones individuales. La verdad, normalmente es una forma insidiosa de controlar las emociones y el comportamiento psicológico y físico de otras personas.

Los matones y manipuladores hábiles pueden leer a las personas y explotar sus debilidades. Entienden cómo calar hondo en la gente y usar técnicas intimidantes para que se comporten de manera conveniente para el perpetrador.

Desafortunadamente, la intimidación a menudo pasa desapercibida en el lugar de trabajo y a veces puede ser aceptada como una forma «normal» de hacer las cosas. El lento proceso de derribar las barreras emocionales y psicológicas de un individuo a menudo se descarta porque es difícil de detectar y aún más difícil de probar.

Afortunadamente, está emergiendo como un tema necesario de tratar. Ya no se les dice a las personas que son intimidadas, que «se hagan hombres» o que «crezcan un par» cuando sacan a la luz sus quejas. Las empresas se dan cuenta de que este tipo de práctica crece y debe detenerse en la medida de lo posible.

Los matones ejercen principalmente métodos de coerción para causar ansiedad a sus víctimas. Esto lleva a sentimientos de insuficiencia, y es más probable que se cedan ante las manipulaciones.

Señales clásicas de intimidación en el lugar de trabajo

Algunos matones usarán tácticas obvias para intimidar a otras personas y usarán las siguientes técnicas:

- **Coerción:** los ataques verbales pueden usarse para que alguien haga lo que no quiere hacer. Con un tono fuerte o gritos, la víctima sentirá que no tiene otra opción que cumplir.

- **Humillación:** usar insultos y actos vergonzosos para menospreciar públicamente a un empleado o compañero de trabajo.

- **Agresión:** que alguien se levante justo en la cara de otra persona puede ser una táctica aterradora para usar en el trabajo. Puede dificultar la represalia para la persona intimidada, ya que puede ser aterrador para el receptor y puede causar ansiedad y estrés excesivos.

- **Invasión del espacio personal:** si un compañero de trabajo es demasiado confianzudo o intrusivo, puede conducir rápidamente a sentimientos incómodos. El intimidador invadirá constantemente su espacio personal, y se sentirá con derecho a manipular sus pertenencias. Este tipo de intimidación está diseñado para hacer que la víctima sienta que no tiene un lugar donde refugiarse.

- **Comentarios ofensivos:** todos hemos conocido a algunas personas que no respetan los límites. Es un hecho, pero este tipo de comportamiento en el lugar de trabajo puede ser más que ofensivo. Cuando alguien usa blasfemias, chistes obscenos, o saca a relucir rumores infundados en público, vuelven el lugar de trabajo un ambiente inseguro. Las personas tienen derecho a entrar en su lugar de trabajo sin ser sometidas a malas palabras o a un comportamiento inadecuado.

- **Campaña negativa:** cuando un matón decide que quiere que alguien abandone su puesto de trabajo, puede utilizar una campaña abierta y solapada para persuadirle de que se vaya. Esto puede ser tan sutil como un comentario bien situado a los compañeros sobre que su víctima no encaja o no es apta para el puesto.

O puede usar algo tan insidioso como una campaña de correo electrónico, o la red para que el resto de la fuerza laboral esté de acuerdo. Los correos electrónicos filtrados y los mensajes de las redes sociales pueden utilizarse para intimidar un empleado para que entregue su puesto. La peor parte de estas campañas puede ser el efecto en las interacciones sociales dentro de la empresa. La gente es menos propensa a unirse a una cadena positiva en línea que a unirse a una campaña negativa. Desafortunadamente, es parte de la naturaleza humana comentar lo negativo antes que lo positivo.

- Trabajo insuficiente y exceso de trabajo: este tipo de intimidación es bastante común. Implica sobrecargar a alguien con trabajo un día y luego privarlo de tareas al otro. Esto lleva a un estado de confusión mental pues el empleado no está seguro de si se siente sobrecargado o infrautilizado. Esto afectará su trabajo y le llevará a cometer errores porque no está seguro de su posición.

- Llevar un registro de los errores: todos cometemos errores, y todos, con suerte, nos beneficiamos de ellos. Los errores son parte del proceso de trabajo, pero si alguien toma notas sobre el valor de otra persona, le intimida. Todos somos capaces de llevar diarios o registrar nuestros defectos, pero al hacerlo sobre otra persona, se sugiere que no puede reconocer sus propios defectos. Esto lleva a sentimientos de duda, y la persona comienza a cuestionar su propio valor.

Estos comportamientos sutiles pueden sucederle a usted o a alguien con quien trabaja. Quizás reconozca a alguien que usa estas tácticas. Cualquiera que sea la situación, necesita ser consciente de las acciones y los efectos que tienen sobre los demás.

- Engaño: mentiras simples y llanas. ¿Conoce a alguien a quien atrapen mintiendo constantemente? ¿O tal vez alguien a quien le mienten constantemente sin que se de cuenta?

- Evasión: es evitar temas o situaciones complicadas en el momento de la confrontación. Cambiar de tema en las discusiones o cancelar las reuniones y evitar a cierto personal.

- Crear conflicto: ¿hay alguien en su trabajo que disfruta haciendo que las personas se enfrenten entre sí? Aquellos que agitan las discusiones y luego se alejan. Este tipo de comportamiento es furtivo y destructivo. Cuando el conflicto se examine después, se habrán asegurado de que su nombre no aparezca asociado con este.

- **Crítica:** todos reconocemos que la crítica constructiva es útil, pero la crítica injustificada tiene como objetivo bajar la moral. ¿Conoce a alguien que constantemente está menospreciando a la gente sin razón? ¿Que hace comentarios inapropiados sobre la apariencia o temas personales? Esto es intimidación y no puede tolerarse.

- **Quedarse el crédito del trabajo de otras personas:** algunos matones se aprovechan de compañeros que no tienen tanta experiencia como ellos para robarles sus ideas. Parecerán encantadores al hablar de los proyectos y preguntarán a otra persona qué piensa. Luego usarán sus ideas para sacar provecho y reclamar el crédito.

- **Información errónea:** es una forma común de desgastar a alguien. Por ejemplo, si se ha anunciado una reunión importante, el matón le dirá «por equivocación» a un compañero los detalles incorrectos. Incluso puede omitir información que se supone que debe ser transmitida para hacer que otras personas parezcan incompetentes.

- **Aislamiento y exclusión:** es una forma devastadora de hacer que alguien se sienta incómodo en el lugar de trabajo. Todos queremos sentirnos parte de un equipo, y estar físicamente o socialmente excluidos hace que la gente dude de su autoestima. Una táctica común sería dirigirse a los miembros de un grupo de forma individual, y excluir a la víctima prevista.

- **Minimización:** esta práctica implica menospreciar los sentimientos de alguien. Por ejemplo, si la víctima del acoso plantea un punto sobre algo, el acosador lo menospreciará. Al desechar persistentemente los pensamientos e ideas de alguien, el matón hace que su víctima se sienta en un segundo plano y se convierta en una sombra.

- Adulación: algunos matones seducirán a sus víctimas halagándolas y utilizando cumplidos excesivos para ganarse su confianza. Ofrecen un falso sentido de compañerismo y consiguen una posición de poder. Si cree que usted le gusta a alguien que le admira de verdad, es más probable ceda a realizar su voluntad.

- Reacomodación de elementos a voluntad: algunos matones en el poder distribuyen títulos y promociones a voluntad. Cambian diferentes aspectos del trabajo sin causa alguna y también responsabilidades. Esto conduce a una sensación de incertidumbre. Así la víctima se vuelve más vulnerable a la manipulación.

- Hacen cumplidos de doble sentido: es una forma muy astuta de aprovecharse de una víctima potencial. El perpetrador le dará una tarea a su víctima. Si no completa la tarea, entonces la regañará y la hará sentir avergonzada. Pero si completa la tarea, reaccionará de la siguiente manera: «¡Vaya, nunca pensé que pudieras lograrlo, bien hecho!» o «¿Quién hubiera pensado que eras capaz de hacerlo a tu edad? Gran trabajo». Parecen benevolentes cuando, de hecho, lanzan comentarios afilados que harán a la víctima sentirse seriamente confundida. El matón ha reforzado su posición de ventaja, mientras parece que hace un cumplido.

- Se niegan a dar validez a otras personas: el lugar de trabajo debe ser un ambiente creativo donde las ideas fluyan libremente y reciban la atención que merecen. Los matones descartarán las ideas de los demás con un comentario cortante o de manera condescendiente. Crearán la impresión de benevolencia, pero tratarán a las personas como niños incapaces de añadir valor al trabajo.

Qué hacer cuando reconoce que la intimidación ocurre en su trabajo

Es importante darse cuenta de que las actitudes en el lugar de trabajo están cambiando. Ya no se tolera la intimidación, y hay más demandas judiciales respecto a esta que nunca. Teniendo esto en consideración, la mayoría de las organizaciones se dan cuenta de que una buena cultura en el lugar de trabajo es una solución a las costosas y largas batallas legales.

A continuación presentamos algunos consejos útiles para ayudar a prevenir la intimidación en el lugar de trabajo

1) Crear una política clara: no debe haber zonas grises respecto a quién es responsable de tratar la intimidación. Los recursos humanos deben tener medios para ocuparse de la conducta de intimidación, y las consecuencias deben ser claras.

2) Capacitar al personal superior para que reconozca las situaciones potenciales: el mejor lugar para hacer frente a la intimidación es a nivel de la base. Una vez que una situación se ha intensificado, puede ser una bola de nieve cada vez más grave. Tener personas intuitivas y especializadas ayudará a que las alarmas suenan antes.

3) Promover una política de puertas abiertas: todos los empleados deben saber que tienen derecho a expresar sus opiniones sin temor a represalias.

4) Hablar con los empleados: tener conversaciones saludables sobre la intimidación y los daños que puede causar es clave. Si no se siente cualificado, considere la posibilidad de contratar a un profesional para dirigirse al personal e informarlos.

5) Identifique los comportamientos inaceptables: los empleados deben saber que no se tolerarán temas anticuados como el racismo, el sexismo o cualquier forma de discurso discriminatorio. Algunas personas sienten que si estos temas se usan con humor, son aceptables. Asegúrese de hacerles saber que los tiempos han cambiado, y también la cultura del trabajo.

6) Proporcione una retroalimentación respetuosa: ningún tema debe quedar sin resolver por muy insignificante que parezca. Cada empleado debe tener voz.

7) Documentar las quejas: debe haber documentación escrita de cada queja. Esto asegura que cualquier comportamiento recurrente pueda reconocerse inmediatamente.

Capítulo 6: Propaganda I: Propaganda política

La historia nos ha dado algunos ejemplos sorprendentes de propaganda, y dos de las formas más llamativas se originan en la Unión Soviética y la Alemania Nazi. Las dos naciones usaron métodos efectivos de propaganda para influenciar a sus ciudadanos y hacerles creer que su lado de la historia era el correcto.

Bombardearon a la población con diversas formas de propaganda diseñadas para persuadirles de seguir alineados con el partido.

Estas son algunas de las formas en que la Unión Soviética difundió la propaganda

1) Escuelas y organizaciones juveniles: Stalin y su equipo de asesores reconocieron que la mejor manera de dar forma al futuro era educar a la juventud del presente. Formaron un programa llamado «Jóvenes Pioneros» para niños de entre diez y quince años, que enseñaba a sus miembros a oponerse a los enemigos del socialismo. Los niños de Rusia estaban rodeados de monumentos a los líderes soviéticos y se les animaba a aprender canciones y promesas que glorificaban el movimiento de Stalin. Las escalofriantes imágenes de escolares vistiendo uniformes negros mientras marchaban con pancartas eran frecuentes en la época de Stalin.

2) Medios de comunicación: la gente pobre de Rusia no tenía forma de acceder a ninguna forma de entretenimiento, así que la maquinaria de propaganda rusa usó este hecho para «educarlos» y mantenerlos informados. Instalaron radios en las zonas comunales para que la gente pobre escuchara las noticias. Usaron las paredes de las estaciones de metro para proyectar películas de propaganda para aquellos que no podían pagar la entrada a los cines.

3) Trenes de propaganda: Stalin pronto se dio cuenta de que usar el sistema ferroviario era una forma efectiva de llegar a su gente. Autorizó el uso de trenes de propaganda llenos de prensa, equipos de proyección, radios y oradores públicos para predicar a las masas.

4) Carteles: el uso de carteles de propaganda ha sido común en las diferentes épocas de la historia de Rusia. Regularmente representaban al «hombre nuevo», que creía que el trabajo duro y la disciplina severa eran los mejores métodos para superar los instintos más básicos de la humanidad. Las imágenes mostraban al «hombre común» como un héroe y creaban una división dentro del sistema de clases.

Los hombres y mujeres comunes fueron animados a ver a la burguesía como un enemigo. Promovieron sentimientos antirreligiosos y antiestadounidenses, mientras vilipendiaban la idea de la «noble pobreza».

5) La palabra impresa: a los rusos solo se les permitía leer los periódicos favorables a la causa comunista. Cualquier historia de crímenes contra la humanidad ocurrida en suelo ruso permanecía sin reportarse. Las bibliotecas rusas fueron purgadas de escritores «desviados», y se introdujo la censura previa a la publicación.

Estos métodos estaban diseñados para animar al pueblo ruso a unirse entre sí y oponerse a cualquier forma de rebelión. La gente escuchaba y veía la propaganda junta y formaban grupos de ideas afines. Los castigos para los inconformes eran rápidos y severos. Era imposible ignorar el ruido de la propaganda, ya que estaba literalmente en todas partes.

La propaganda en la Alemania nazi

El surgimiento de la Alemania nazi llevó la propaganda política a un nuevo nivel. Hitler era un maestro de la propaganda, y nombró a Joseph Goebbels como jefe de su campaña para convencer a la nación de ver con buenos ojos al Partido Nazi. También se le encargó que se asegurara de que el pueblo alemán no tuviera acceso a información contraria al movimiento nazi.

Goebbels colaboró con Albert Speer, un arquitecto y urbanista alemán, para trabajar con las SS y la Gestapo, para lanzar una campaña de «iluminación» nacional. Su primera tarea fue crear la Cámara de Cultura del Reich en 1933. Este cuerpo se ocupó de todas las fuentes de información de los medios de comunicación como los periódicos, el cine y la radio. Para acceder a un puesto en la Cámara de Cultura del Reich, había que ser miembro del partido nazi.

Cualquier desobediencia dentro de la organización se controlaba con severos castigos. La censura era abundante, y los nazis controlaban todo lo que la gente leía, oía, veía y experimentaba. Entendieron que esta era la manera óptima de asegurar que Hitler se convirtiera en el líder supremo del pueblo alemán.

Cuando esto sucedió en enero de 1933, el partido nazi ya estaba en una posición fuerte. Se sentían lo suficientemente poderosos para organizar los infames episodios de quema de libros que ocurrieron solo cuatro meses después del ascenso de Hitler al poder. Cualquier libro que no se ajustara al ideal nazi era retirado de las bibliotecas por los leales partidarios nazis. Luego fueron incinerados públicamente en enormes pilas, aclamadas por los seguidores nazis. Estas demostraciones públicas de poder alimentaron la creencia de que los nazis controlaban las mentes de la gente.

La producción de poderosas películas de propaganda fomentaba esta demostración de poder. Las películas se hicieron para resaltar varios temas y llamar la atención de la nación:

- La grandeza de Hitler y su visión del futuro.

- El pueblo judío: los nazis utilizaron bellos y artísticos carteles para promover el odio y el miedo al pueblo judío y a otros grupos de personas no conformistas. Usaron la belleza y el arte para enmascarar la fealdad y el odio del mensaje que contenían.

- El camino hacia el futuro: promovieron la idea de una «raza superior» que comenzó con «niños perfectos». Cualquier imperfección era un insulto a la visión nazi de la perfección.

- El maltrato a los alemanes en Europa: al acercarse la Segunda Guerra Mundial, los nazis vieron la necesidad de demonizar al resto de Europa. Lo hicieron resaltando lo mal que se trataba a los alemanes inmigrantes en Europa del Este.

La realización de tales películas no se limitaba a documentales serios o películas basadas en noticias. Mientras que películas como *Triunfo de la Voluntad* (1935) trataban temas serios, Goebbels también reconocía el poder de la propaganda del entretenimiento. Encargó comedias y películas de entretenimiento livianas para dar a Alemania un aspecto más humano y liviano.

Goebbels también reconoció el poder de la saturación. Ordenó la producción de radios baratas para que cada ciudadano alemán pudiera tener una radio. También ordenó que se instalaran altavoces en lugares públicos, para que todos pudieran escuchar la palabra de Hitler.

Antes de 1933 el partido nazi era el más grande de Alemania, pero no tenía un apoyo total. Goebbels cambió ese hecho y se aseguró de que Hitler ocupara su lugar en la historia con una campaña implacable para ganarse los corazones y las mentes de la mayoría del pueblo alemán. Entendió la premisa de una propaganda exitosa, y se cita a Goebbels diciendo que una vez que alguien sucumbe ante una propaganda exitosa, le es imposible escapar.

Más adelante en su campaña por el dominio del mundo, los nazis reconocieron el uso de otros métodos de propaganda. Utilizaron el simbolismo en toda su extensión. El uso de la esvástica, el saludo y los uniformes aseguraban que la gente en la calle reconociera el poder que tenían. Mientras Hitler entendía la importancia de los títulos grandiosos para sus secuaces, era astuto con su propio título. Se negó a ser llamado Presidente, ya que afirmaba que el título era demasiado «augusto» para él. Esto apelaba a la persona común, y Hitler ganó la aprobación popular con este movimiento.

La Alemania nazi fue un ejemplo de lavado de cerebro en masa. Los nazis usaron un aluvión de información, imágenes y eventos para crear un ambiente de odio y reverencia.

Propaganda política en los Estados Unidos

A medida que pasa una elección, comienzan los preparativos para la siguiente. Constantemente se nos dice que demos nuestro voto a un candidato u otro por diferentes razones. Aunque es un hecho del que nadie puede escapar, ¿estamos acostumbrados a creer en la propaganda, o somos capaces de votar basados en la información?

Reconocer las técnicas utilizadas es el primer paso para convertirse en un votante más inteligente. Examinemos algunas de las formas más populares en que los políticos han usado la propaganda para conseguir votos:

Anuncios presidenciales

Tenemos que viajar a 1952 para presenciar una de las primeras campañas publicitarias de un candidato presidencial. «Ike para Presidente» fue una canción usada para promocionar a Dwight Eisenhower. En 1960 JFK también usó una canción pegadiza para encabezar su campaña. Estos fueron los primeros ejemplos de un método popular de propaganda llamado la técnica del «Bandwagon».

La técnica del «Bandwagon»

Esta es una técnica que atrae a las masas y hace que la gente se sienta parte de un movimiento. Este tipo de anuncio juega con las inseguridades de las masas y el deseo de pertenecer. Tomemos el ejemplo de un tipo de anuncio diferente. Si ve un anuncio de refresco donde masas de personas están bebiendo el mismo producto, inmediatamente le hace querer ser parte de la comunidad. Las canciones presidenciales eran pegadizas e inclusivas y apelaban a este tipo de votantes.

La técnica del testimonio

También conocida como la técnica de «transferencia». El candidato utiliza varios métodos para potenciar su persona y atraer a un público más amplio. Estos pueden incluir el respaldo de políticos, medios de comunicación, deportistas y celebridades. Se cree que son señales persuasivas para los votantes desinformados que tienen poco interés en las políticas o creencias de los candidatos. Eligen su candidato preferido por asociación.

Aunque estamos acostumbrados a ver a los políticos compartiendo las mismas plataformas que los famosos, un ejemplo reciente fue en 2008 cuando Chuck Norris apoyó a su candidato preferido. El año 2008 también fue el del anuncio en línea de Barack Obama, en el que aparecía una gran cantidad de personajes famosos.

Este tipo de técnica puede tener una respuesta negativa. Por cada respuesta positiva que una asociación con la fama puede generar, existe la posibilidad de una reacción negativa. Esto también se conoce como una técnica de transferencia. Destacar las cualidades de una persona famosa funciona bien con sus seguidores, pero puede generar sentimientos de disgusto en las personas que no están tan enamoradas.

Técnica de simbolismo

Este es un método que ataca el corazón del votante. Recordemos que la propaganda es una batalla por los corazones y las mentes, y el simbolismo apela a los corazones. Cuando un candidato quiere despertar un sentimiento de patriotismo elemental, usará todos los símbolos nacionales para agitar las emociones. Piense en las águilas, el Tío Sam, el pastel de manzana y las banderas. Montones y montones de banderas. Hay algo en las barras y estrellas norteamericanas que atrae al votante.

Nadie sugiere que alguien mire la foto de una bandera junto a un candidato y piense inmediatamente: «Oye, esa bandera me hace pensar que serás un gran presidente», pero le habla al subconsciente. Añada algunas generalidades brillantes, y tendrá una forma efectiva de propaganda política.

Generalidades brillantes

Son declaraciones que utilizan palabras y frases vagas para influir en el público. No tienen un significado real; la mayoría son emocionalmente atractivas y están diseñadas para tener un efecto positivo en la población en general. Literalmente brillan y nos hacen creer en un futuro mejor y un resultado positivo.

Las palabras no solo brillan, sino que resaltan y dan una sensación de esperanza. ¡Todo va a estar bien porque este candidato lo dice! Este tipo de declaraciones han sido llamadas «insultos a la inversa».

El Presidente Obama usó las palabras esperanza, progreso y cambio para obtener el apoyo de Norte América. Todos somos conscientes de la importancia de la frase «Hacer a América grande de nuevo» de 2016 y cómo atrajo a ciertos votantes.

La técnica popular

Es cuando los políticos tratan de apelar al hombre común. Puede que hayan tenido una educación de la Ivy League y nunca hayan sabido lo que es la «privación», pero los políticos saben cómo apelar a la persona común. George Bush y su hijo George W. Bush sabían un par de cosas sobre el uso de la técnica popular.

Sabían que darle un enfoque erudito a sus discursos los alejaría de la mayoría de la población, así que cometieron errores. Estos errores fueron diseñados para parecer espontáneos y cercanos a la persona promedio. Decirle al público que son «un hombre del pueblo» puede ser una herramienta poderosa, sin importar la verdad.

Apilar credenciales

Este tipo de propaganda parece inofensiva, pero puede ser devastadora. El perpetrador resaltará sus logros y triunfos personales sin mencionar ninguno de sus fracasos. Luego procederá a destrozar a su oponente y a arrastrar su nombre por el piso. La política norteamericana es un banco de credenciales, y los anuncios utilizados por los candidatos pueden ser sutiles, o pueden usar imágenes angustiantes para sugerir que el oponente es, en el mejor de los casos, inútil y, en el peor, malvado.

Si las imágenes no son suficientes, podrían recurrir a las tácticas del patio de la escuela. Los insultos son una táctica exitosa para aquellos que no son lo suficientemente sutiles como para usar otros métodos. La propaganda de insultos es utilizada por los gobiernos y los medios de comunicación para describir a los grupos que se oponen a sus creencias, a los que se denominarán «terroristas» o «insurgentes», mientras que a los grupos que apoyan al gobierno se les llamará «luchadores de la libertad» o «activistas».

No es de extrañar que estas tácticas se extiendan a la escena política en tiempos de elecciones. Se ha convertido en el epíteto por defecto tanto de la «Izquierda» como de la «Derecha» de la política. Estas tácticas han sido denominadas «estilo nazi». Algunos candidatos intimidan a sus oponentes lanzando ataques personales, señalando individuos y dándoles etiquetas. Todos recordamos a «Hillary la torcida», a Dick Cheney se le llamó «perro de ataque», a Barack Obama se le llamó incorrectamente «comunista», a John Kerrgy «chancleta», y a Joe Biden se le insultó con el apodo de «Joe el dormilón».

Realmente no importa si hay algo de verdad detrás de la acusación o no. La verdad es que estos golpes ruidosos ponen a vibrar el nuevo mundo de los medios de comunicación. Este se nutre de la incesante profanidad, la charla basura, las mentiras, y la invectiva general creada por este tipo de propaganda.

Capítulo 7: Propaganda II: manipulación en los medios

Considere cómo los medios de comunicación mueven el mundo moderno. Los medios de comunicación definen los programas de noticias que vemos en la televisión, las películas tienen mensajes ocultos, y estamos constantemente sujetos a la publicidad. Nos comunicamos a través de redes sociales, y cada búsqueda que hacemos en línea hace aparecer publicidad relevante.

No usamos a menudo el término «manipulación mediática», pero todos somos conscientes de alguna forma en que nos influencian. En 2002, Sylvain Timsit, un respetado autor francés, acuñó la frase al escribir sobre los poderes políticos y económicos, y cómo utilizan la propaganda y otras estrategias para controlar las mentes del público. Se convirtió en una de las primeras personas en hablar explícitamente sobre la influencia y el control que los medios de comunicación ejercen sobre la sociedad.

Los medios de comunicación son la forma más poderosa de ejercer un control a distancia que existe en este momento. A medida que la gente se relaja y se prepara para el entretenimiento, comienza la manipulación de sus pensamientos y comportamientos. Se les presentan pequeñas dosis de información de hechos que la gente cree fácilmente. Luego, al usar las redes sociales para compartir sus pensamientos les dan aún más credibilidad. Estos «hechos» serán compartidos a través de Internet, teléfonos celulares, redes sociales, y viajarán por el mundo en minutos.

Considere por qué se presenta esa información en primer lugar. ¿Tiene fuentes verificables, basadas en estudios extensos y hechos científicos comprobables, por ejemplo? ¿Aparece porque los medios de comunicación sienten la necesidad de imprimir y promover verdades, pues es lo más conveniente para todos? ¿O la información es una forma de manipulación?

Algunas estrategias que emplean los medios de comunicación

Distracción

En 2014, Rusia trasladó sus fuerzas militares a Crimea. Siguieron una serie de eventos que provocaron alarma en los Estados Unidos y que sugerían un regreso a la era de la Guerra Fría. El referéndum celebrado, la siguiente anexión y la imposición de sanciones podían causar pánico en los Estados Unidos, que ciertos organismos estaban ansiosos por evitar. Esta historia fue superada gracias a la desaparición del vuelo 370 de Malaysian Airlines y el alud de lodo en el Estado de Washington. Son tácticas clásicas de distracción utilizadas para mantener a la nación enfocada en otros asuntos. La naturaleza dio a los medios de comunicación ciertos elementos para la noticias. El número de muertes, potenciales milagros, y familiares en duelo llenaron horas de cobertura de noticias.

Exposición gradual

Es un método que manipula al público para que acepte acciones o eventos injustos socialmente, acondicionándolo a las noticias gradualmente. Por ejemplo, si el gobierno fuera a cerrar ciertas instituciones que produjeran despidos, comenzaría una campaña gradual contra las instituciones. Esto consistiría en historias negativas en los medios de comunicación sobre mala gestión, pérdidas, caídas en las ventas y malas cifras del mercado de valores. Así preparan al público para aceptar las grandes noticias sin protestas.

Guiones y omisiones

La mayoría de la gente piensa que la revista *Time* es una publicación impactante y veraz en la que se puede confiar para dar a conocer a la gente hechos concretos. Está muy bien posicionada como una de las publicaciones más relevantes en los Estados Unidos y tiene un gran número de lectores. Los hechos pueden ser una versión de la verdad, pero en realidad, algunos pueden percibir que la revista *Time* adapta sus portadas para el consumo de los Estados Unidos.

Es normal que las revistas impresas tengan diferentes portadas para atraer al público objetivo en diferentes partes del mundo.

La revista *Time* tiene una portada para los Estados Unidos, una portada para atraer a Europa y África, y otras dos portadas dirigidas a Asia y el Pacífico Sur. Durante los años de Obama, *Time* optó por publicar una portada en la que se ve a Vladimir Putin y sus ideas sobre el débil estado de los Estados Unidos y la fuerza de la unión rusa. Rusia y los Estados Unidos han tenido una rivalidad durante años, por lo que no es sorprendente que llamara a los Estados Unidos «débiles» y a Rusia «fuertes». El encabezado era sobre el tema de Siria en Washington y la defensa de Damasco.

De hecho, el titular fue la única parte de la portada de la versión estadounidense. Mientras que las otras tres portadas mostraban al líder ruso, la portada de Estados Unidos hacía la pregunta: «¿Es hora de pagar a los atletas universitarios?» y el titular se convirtió en: «Lo que quiere Putin» y «Siria: Dentro de la guerra de DC».

Tratar al público como niños

La información desequilibrada que busca irritar los instintos básicos de miedo, o silenciar los problemas graves, es una señal segura de que algunas organizaciones de medios de comunicación están decididas a mantenernos bajo un velo de ignorancia. Si los propietarios de los medios de comunicación sesgados nos permitieran ver los fríos y duros hechos, correrían el riesgo de alimentar una generación de individuos de libre pensamiento capaces de pensar críticamente. Necesitan que seamos sumisos, abiertos a la manipulación, e incapaces de tomar decisiones críticas que desafíen su poder y riqueza.

La realidad fabricada de la TV

Los *reality shows* de la televisión son muy entretenidos y baratos de producir, por lo cual hay muchos al aire. Atraen al espectador con la promesa de un drama de la vida real, lágrimas, peleas, más lágrimas, y triunfos. Les encanta tomar a una persona normal y volverla una mejor versión de sí mismos. Esto atrae a la psique del espectador diciéndole que ellos también pueden convertirse mejores personas.

La verdad es que estos llamados *reality shows* son a menudo guiones, o son presentaciones teatrales cuidadosamente producidas. Se basan en la credulidad de los espectadores y su capacidad de suspender juicios para obtener mayores índices de audiencia.

Veamos algunos de los trucos comunes que los *reality shows* usan para manipular nuestra credulidad:

- *Frankenbiting*: es un término de la industria para editar clips y crear oraciones completas desde cero. Los productores usan diferentes clips de conversaciones para crear el contenido que quieran.

- Los jueces no tienen poder real: en los *shows* competitivos, normalmente habrá una cláusula que le quita todo el poder a los jueces. Como espectadores, creemos que los jueces son responsables de que un concursante particular progrese, pero la verdad es otra. En cualquier momento, los productores pueden intervenir y cambiar la decisión si creen que afectará los índices de audiencia del programa.

- Mentir sobre los tiempos y el presupuesto: si alguna vez ha visto un programa de bricolaje o le encanta *Cambio Extremo,* sabrá que esos increíbles cambios de imagen se pueden hacer en poco tiempo con un presupuesto mínimo. ¿Pero se puede? Si un programa dice que la remodelación de un baño puede hacerse en doce horas por un par de cientos de dólares, lo más probable es que sea mentira. Tendrán un equipo profesional trabajando en el proyecto durante unos diez días antes de que el presentador empiece a filmar. Y el presupuesto a menudo es completamente falso.

- La gente con defectos mejora la televisión: los *reality shows* saben del poder de retratar gente con defectos y explotar sus debilidades. Permite al público sentirse superior y agradecido por sus vidas y su estilo de vida. Los productores profundizarán en el pasado de los participantes para descubrir qué botones apretar. Usarán descaradamente las experiencias personales de los concursantes para provocar reacciones. Desafortunadamente, debido a que estas personas quieren tanto estar en la TV, firman contratos que permiten tal comportamiento intrusivo.

Manipulación de imágenes digitales

Durante los conflictos externos o internos, es importante tener una visión equilibrada de la situación y sopesar uno mismo el valor de las decisiones a tomar, ¿verdad? Los medios de comunicación piensan distinto. Usan nuestras emociones más profundas para influir en el pensamiento. Los periódicos y los medios de comunicación de todo el mundo son a veces culpables de manipular las imágenes para influir en la opinión pública. La ética de la manipulación digital es una zona gris. Debe ser consciente de que a veces la cámara miente.

La propaganda en la publicidad

Ya hemos discutido el papel de la propaganda en la política, ¿qué técnicas emplean los publicistas? O la mayoría de ellos. Piénselo, los políticos tratan de venderle el sueño, la utopía que pueden ofrecer si vota por ellos. Los publicistas hacen lo mismo. Su vida mejorará si compra o se suscribe a su producto, así que usan tácticas similares a las de los políticos.

Aquí hay algunas formas en que se manipula al público con estrategias publicitarias:

Propaganda testimonial

Así como los políticos utilizan a las celebridades, también los publicistas. Si Jennifer Aniston le dice que use un champú, entonces se imaginará inmediatamente que tendrá mechones brillantes como ella.

Otro ejemplo es la campaña de Nike para vender la mejor pelota del mundo. ¿Quién sostiene la pelota en el anuncio? Wayne Rooney, un conocido jugador de fútbol que representa lo mejor y atraerá al cliente.

Esta técnica no solo involucra a las celebridades. Si ve a alguien con una bata blanca promocionando pasta dental, inmediatamente asumirá que es un dentista. Tienen un aire profesional y una sonrisa radiante, ¡por supuesto que puede confiar en él!

Propaganda de la presión grupal o *bandwagon*

Si alguna vez ha influido sobre usted la opinión pública o la presión de los compañeros, entiende la técnica del «bandwagon». No quiere que le dejen fuera, así que seguirá a la mayoría. Los publicistas lo saben y se aprovechan de ello.

Un ejemplo clásico son los arcos dorados de McDonald's. El letrero rojo tiene el nombre de McDonald's y debajo dice: «más de noventa y nueve mil millones complacidos», lo cual sugiere un nivel de excelencia. Después de todo, si noventa y nueve mil millones de personas han probado sus hamburguesas, debe haber algo notable en ellas. Entonces, ¿quién es usted para cuestionarlo?

Insultos

Así como la idea de que los políticos recurran a tácticas del patio de recreo debería ser ridícula, también debería serlo esta táctica publicitaria. Sin embargo, si las compañías se mantienen dentro de las reglas de la publicidad, pueden usar esta táctica sin parecer duros o mezquinos.

Si alguna vez ha estado en una situación de competencia directa con otro individuo, sabrá del poder de la comparación. Puede que sepa que señalar cómo es mejor que su rival es una táctica que funciona. Puede parecer un poco mezquina, pero funciona si se usa, ¿verdad?

Del mismo modo, en la publicidad, es común utilizar a un rival para destacar las diferentes formas en que su producto es mejor.

Una vez más, nos remitimos a McDonald's para dar un ejemplo. Sin embargo, en este ejemplo, ellos son el rival. Burger King mostró una imagen de su hamburguesa *Whopper* encima de una caja de hamburguesas. El eslogan decía, «*Whopper* tonta, esa es una caja de *Big Mac*», transmitiendo el mensaje de que la hamburguesa de Burger King era demasiado grande para caber en la caja de *Big Mac*. ¿Inteligente o malvado? ¡usted decide!

Otro ejemplo. *Select Harvest* creó un producto de fideos que no contenía glutamato monosódico. Podrían haber usado ese hecho para promocionar su producto y ayudar a la gente a comer más sano, pero tomaron otro camino. Enfrentaron su producto contra un competidor que aún tenía el GMS como ingrediente. La frase decía, «¿Cómo te gustan los fideos? ¿Con o sin GMS?» Al hacer la pregunta, le están diciendo que usted, el cliente, es responsable de decidir comer saludablemente o de contaminar su dieta con el dañino aditivo GMS. Un poderoso marketing con un giro moral.

Lista de credenciales

Este tipo de propaganda se ha utilizado durante años y es una de las tácticas más comunes en la publicidad. Destacar las grandes cualidades de un producto y evitar los aspectos negativos hace que los artículos sean más atractivos.

¿Cómo lo hacen? Las declaraciones audaces que gritan la superioridad de un producto son comunes. «Este tipo de chip contiene un 30% menos grasa que los chips normales». Aunque eso puede ser cierto, no lo convierte en una opción saludable. Sin embargo, el anuncio hace que parezca algún tipo de alimento saludable.

Los productos de limpieza que dicen ser 50% más fuertes que el original y tienen cualidades duraderas saldrán volando de los estantes. Analicemos cuál es el mensaje. ¿Fue el producto original tan malo que incluso un aumento del 50% en el rendimiento no significa que será brillante? ¿Quién sabe? Estas afirmaciones simplistas pretenden llamar la atención y distraerle de otros productos. Si compra el producto, ¡el trabajo se hará solo!

La verdad es que la propaganda es una información sesgada y debe ser tratada como tal. Los anunciantes y los medios de comunicación buscan controlar sus pensamientos y emociones para generar el resultado que quieren. Es hora de quitarnos el velo de los ojos e incorporar un mayor grado de verdad a nuestras vidas.

Capítulo 8: Control mental y lavado de cerebro

Cuando pensamos en control mental o lavado de cerebro, puede parecer un concepto de Hollywood. Imágenes de profesores locos con una espiral giratoria hipnótica tratando de hacer que sus pacientes caigan bajo su hechizo. La fijación de cascos con cables eléctricos forzando a la víctima a convertirse en un zombi babeante y demente.

En realidad, las técnicas de control mental son comunes en la sociedad, y estamos sujetos a ellas todos los días. Cuando se utiliza el control mental, el receptor puede no saber que está siendo manipulado, ya que las técnicas son sutiles y sofisticadas. El control mental es a menudo un proceso largo que cambia gradualmente la mente de una persona y la hace más susceptible a cambiar de ideas.

No hay fuerza física involucrada. El control mental es un proceso psicológico implacable que aplica presión social sobre la víctima para obtener el control de sus pensamientos. Todo el mundo es susceptible al control mental, y eso es lo que lo convierte en una de las formas más peligrosas de la guerra psicológica utilizadas hoy en día.

El lavado de cerebro es un proceso más agresivo, ya que la víctima será consciente de que está siendo manipulada. Entenderá que se está aplicando la fuerza para hacerle cambiar sus pensamientos y alinearse con el agresor.

Sin embargo, los primeros usos del término «lavado de cerebro» fueron literales. A principios del siglo XX, hubo informes de uso médico del término «lavado de cerebro» que en realidad significaba lavar el cerebro para curar ciertas enfermedades. En 1934, el *Manhattan Mercury* informó que un médico recomendaba a un paciente «comenzar con el lavado de cerebro. Todo cerebro... necesita lavarse en algún momento».

En 1935 hubo una exposición médica basada en el caso de un joven que había sufrido anteriormente la condición del mal de San Vito. Estaba parcialmente paralizado, era incapaz de hablar y propenso a sufrir ataques. Se le lavó el cerebro dos veces durante cuatro días de tratamiento, y el chico se curó.

Al inicio de los años 50 resurgió el término. El significado había cambiado un poco, pero el término resonó entre la gente que buscaba describir los regímenes totalitarios. El *New York Times* informó de casos de combatientes de la resistencia que usaban la técnica para transformar a los miembros más débiles de la sociedad en creyentes de su causa.

A medida que la década avanzaba, el término se hizo más popular. Se convirtió en una forma popular de describir a los consumidores y a los crédulos que eran engañados por los publicistas para comprar cosas que no necesitaban.

Uno de los primeros registros de esta acepción de la palabra se encuentra en *The Washington Post* de 1955. Describe cómo a los niños norteamericanos se les había «lavado el cerebro» para que veneraran a Davy Crockett, quien aparentemente era un mal modelo a seguir, ya que era básicamente un delincuente juvenil.

El uso del término «lavado de cerebro» se ha vuelto más común y se utiliza para describir la persuasión sutil por medio de la propaganda, así como el adoctrinamiento forzado al que hace referencia.

¿A quién le interesa lavar cerebros?

El control mental se utiliza ampliamente para influir sobre los pensamientos y sugerir ciertas formas de pensar, pero, ¿el lavado de cerebro aún existe hoy en día? La respuesta simple es sí. Ya hemos discutido las tácticas de guerra psicológica que enfrentamos cada día, así que, siendo realistas, estamos constantemente sometidos a técnicas de lavado de cerebro.

Hay una fina línea entre el control mental y el lavado de cerebro en la sociedad moderna. Cualquier cosa que intente modificar los procesos de pensamiento y accionar un interruptor que obligue a obedecer podría clasificarse como lavado de cerebro.

Técnicas de manipulación

Cantos

Hay partes del cerebro enfocadas en el pensamiento analítico. Una forma de detener tal proceso es distraer la mente con una frase repetitiva. La idea es detener cualquier pensamiento que haga dudar del mensaje con el que se le bombardea. En las últimas convenciones políticas, se anima a la audiencia a llenar los espacios entre los oradores con cánticos repetitivos. Esto evita que la audiencia tenga la oportunidad de analizar exactamente lo que el orador acaba de decir.

Plantar semillas

Al buscar noticias o historias en Internet, verá titulares cortos y contundentes que le dicen todo lo que necesita saber. Las personas que financian estas historias se dieron cuenta de que muy pocas personas leen las historias y son más propensos a hojear los titulares.

Explotan este hecho plantando palabras clave en los titulares que manipularán sus ideas.

Por ejemplo, si los oponentes de cierto senador desean denigrar al personaje, pueden plantar un titular con una fuente anónima.

Senador White: ¿Infiel a su esposa durante una década?

Es irrelevante que la declaración sea solo una pregunta. La semilla ha sido plantada. Aunque aparezcan los siguientes titulares, seguirá teniendo el mismo resultado.

El Senador White niega el asunto

La esposa del Senador White confirma que los rumores de la aventura son falsos.

Si le preguntan si sabe quién es el senador White, probablemente responderá: «El tipo que tuvo una aventura durante diez años, ¿verdad?»

Repetición de falacia ridícula

Si escucha algo suficientes veces, lo creerá. No importa cuán ridículo sea, si le presentan los «hechos» de cierta manera, estará dispuesto a creerlos. Esto se conoce como la apelar a una falacia ridícula.

Burlarse de una idea la vuelve menos relevante. Si usted asocia una idea, una persona o un comportamiento con el ridículo y la vergüenza, los estimará menos. También, si a una idea ridícula se le da seriedad y se trata con reverencia, parecerá más creíble. La repetición es una herramienta poderosa, y cuando se combina con una técnica para generar vergüenza, puede ser efectiva.

Limitar las opciones al blanco y negro

Al someterse a estrés, el cerebro entra en modo de lucha o huida. Este es un ejemplo clásico de tener solo una opción blanca y otra negra. Cuando enfrentamos solo dos opciones, se abandona felizmente el pensamiento crítico para hacer un movimiento correcto o incorrecto.

¿Cuántas veces ha visto argumentos como estos?

«¿Luchar contra los terroristas o desertar y morir como cobardes?»

«¿Nos emborrachamos todos y vamos a un club, o es un aburrido aguafiestas que no sabe cómo divertirse?»

«¿Se opone a la pena de muerte? Entonces, ¿cree que deberíamos dejar a los asesinos libres para que sigan matando?»

Usar este tipo de «pseudo-argumentos» puede provocar que los humanos dejen de pensar críticamente, obligándolos a «morder el anzuelo» por así decirlo, como perros entrenados. No es sutil, pero apela a la parte primitiva de la mente.

El control mental en la industria farmacéutica

Si vio la película *The Matrix* (1999), recordará una escena en la que Neo debía elegir entre la píldora azul y la roja. La píldora roja significaba regresar al mundo real, mientras que la píldora azul le haría dormir de nuevo. Este es un caso clásico de una metáfora simplista para comunicar un mensaje a una audiencia cinematográfica, pero tiene relevancia en la vida real.

Cuando va a la farmacia, es presa de una forma de control mental sutil, pero extremadamente efectiva. Las compañías farmacéuticas han usado durante décadas los colores para sugerir efectos.

Tomemos el ejemplo de los somníferos o los fármacos que ayudan a dormir mejor. Mire el color de las píldoras y el envase. Azul, azul y más azul. Añada un par de nubes blancas y esponjosas, con un toque celeste, y el paciente ya se sentirá somnoliento.

En un estudio, a los pacientes se les dio el mismo sedante, pero se cambió el color de la píldora. La mitad de los pacientes tomaron una versión color azul, y la otra mitad tomó una versión de color naranja. Los pacientes con las píldoras azules informaron que se durmieron 30 minutos antes y que durmieron 30 minutos más. Esta extensión del efecto placebo sugiere que si se le da al paciente la droga del color correcto, los resultados mejorarán.

Por supuesto, el control mental gubernamental está reglamentado y restringido, y las agencias gubernamentales nunca han usado métodos siniestros para controlar la mente de los ciudadanos. ¿O sí? En 1952, Estados Unidos vivía un período problemático después de la guerra de Corea. Era bien sabido que las relaciones con la Unión Soviética eran tensas, y el conflicto había entrado en un nuevo campo de batalla. La guerra incluía ahora la batalla por la mente.

La CIA nombró director a Allen Dulles en 1953. Él acuñó la frase «guerra cerebral» e insinuó la necesidad de expandir los métodos para enfrentar la amenaza soviética.

En 1953 se aprobó el Programa MK-Ultra. Este programa altamente confidencial ampliaba los límites de los métodos para extraer información de los agentes enemigos y asegurar que no pudieran tomar represalias. Usaban materiales biológicos en los sujetos, y algunas soluciones químicas. Aprobaron el uso de formas de abuso sexual y tortura para obtener resultados. Los métodos de control mental como el aislamiento, la hipnosis extrema y los métodos de privación se consideraron adecuados y eficaces.

El objetivo principal del programa era desarrollar un suero de la verdad que funcionara eficazmente junto con otros métodos ya probados y confiables de extracción de información. Quienes guiaban el programa intentaron utilizar la hipnosis combinada con los efectos de drogas alucinógenas como LSD para ayudar a los sujetos a recordar incluso los detalles más intrincados de objetos físicos o información compleja.

El uso del LSD fue perfecto para los resultados que necesitaban. Sus efectos químicos producían estados mentales que descomponían el carácter del sujeto y lo volvían incapaz de manejar el estrés y la ansiedad. Esto le permitió al operativo investigar más profundamente sin ninguna resistencia y obtener la información que necesitaban.

Se ha informado que tras la aprobación del programa MK-Ultra se realizaron más de 150 experimentos en humanos con drogas psicodélicas, paralizantes y terapia de electrochoque.

Los objetivos del programa ilícito eran claros. Tenían la intención de crear sustancias que:

- Aumentaran la actividad mental del sujeto.

- Rompieran cualquier barrera que les impidiera revelar información.

- Crearan un estado de amnesia temporal o permanente.

- Aumentaran la sensación de shock y confusión durante los interrogatorios.

- Produjeran una parálisis temporal similar a un shock.

- Usaban técnicas de aislamiento para hacer que el sujeto dependiera de su captor.

- Bajaran la autoestima para generar sentimientos de inutilidad.

- Distorsionaran los sentidos del sujeto.

- Los incapacitaran para la actividad física.

El otro beneficio que esperaban obtener del programa era hacer a los agentes norteamericanos menos susceptibles a tácticas similares si el enemigo los capturaba.

A medida que el programa avanzaba, estudios de algunas de las principales universidades de Norte América realizaron pruebas con LSD y lo consideraron demasiado impredecible para usarlo en el programa. MK-Ultra entonces implementó el uso de éxtasis o MDMA, heroína y otras drogas de clase A.

Operación Clímax de Medianoche

El proyecto comenzó en 1954 e implicaba una red de casas de tolerancia dispersas por todo el país dirigidas por la CIA. Utilizaba prostitutas para atraer a los clientes a las casas y darles una dosis de una serie de drogas psicodélicas, incluyendo LSD. Se informa que la CIA asignó un increíble 6% de su presupuesto total para financiar el programa.

El programa fue concebido para usar a los ciudadanos comunes y estudiar los efectos de estas drogas, ya que el reclutamiento de voluntarios se agotaba. Este programa altamente ilegal involucraba a las prostitutas que daban a sus clientes alcohol aderezado con drogas y luego tenían relaciones sexuales. Después del coito, el personal de la CIA observaba el comportamiento de los hombres y usaba un espejo de doble fondo para grabarlos y estudiarlos en el futuro. Las grabaciones de los hombres teniendo sexo con prostitutas aseguraban que guardaran silencio. La vergüenza de ser delatados evitó que se quejaran del tratamiento a manos de los agentes.

A veces las sesiones daban un giro siniestro. Los experimentos realizados en los sujetos a menudo implicaban métodos de tortura. El doctor Sidney Gottlieb dirigía el programa, y se dice que le gustaba mucho usar cámaras de privación sensorial y registrar los resultados. Luego torturaba más al sujeto reproduciendo las partes más perturbadoras de la grabación en un bucle.

Algunos sujetos eran voluntarios, y fueron destinados a pruebas aún más horribles que los sujetos desprevenidos. A algunos voluntarios se les dio drogas que alteraban la mente durante diez semanas o más, sin descanso.

El programa MK-Ultra siguió funcionando hasta bien entrados los 70 bajo diferentes apariencias. En 1972 la marea estaba cambiando. Se rumoreaba que la tapa estaba a punto volar en pedazos y exponer al programa. El director de funciones de la CIA en ese momento ordenó que toda la documentación adjunta al programa fuera destruida.

En 1974 *The New York Times* publicó una exposición condenatoria sobre el uso de drogas y técnicas de control mental, lo que llevó a la formación de una comisión para detener este tipo de experimentación.

El público fue informado formalmente de la existencia de tales programas por la «Comisión Rockefeller», llevada a cabo por el entonces vicepresidente de los Estados Unidos, Nelson Rockefeller. La comisión destacó el uso de sujetos humanos para crear armas psicológicas para usarlas contra los enemigos de los Estados Unidos. Se reveló que al menos una muerte había ocurrido a raíz de las actividades ilegales llevadas a cabo por el programa.

En los tiempos modernos puede parecer inconcebible que tales métodos fueran usados en sujetos humanos. Sin embargo, los tiempos eran diferentes, y se pensaba que la amenaza percibida justificaba tales programas. Ahora tenemos métodos mucho más sutiles de control mental, pero ¿quién sabe lo que sucede a puerta cerrada? ¡Especialmente tras las puertas cerradas de los laboratorios!

Capítulo 9: Cómo funcionan los cultos o sectas

La idea del culto en la forma que conocemos es bastante moderna. Sin embargo, el uso del término quedó registrado en Inglaterra ya en el siglo XVII. El origen de la palabra se deriva del término latino «*cultus*», que significa cultura o cultivar. La Europa moderna experimentó transformaciones religiosas que dieron origen a una serie de nuevas religiones. Martín Lutero se separó de la iglesia católica y fundó el luteranismo, una forma de religión surgida de las creencias de la iglesia católica.

El surgimiento de los protestantes en el siglo XVII llevó a grandes cataclismo como la Inquisición Española. El término «culto» se usó para describir a los rebeldes que se oponían a las creencias más tradicionales del catolicismo. Los efectos no fueron solo religiosos, sino que se extendieron a los círculos artísticos y literarios.

El uso del término se decantó durante dos siglos hasta el siglo XIX, cuando aristócratas y eruditos educados comenzaron a interesarse por la arqueología y las prácticas religiosas perdidas durante mucho tiempo.

Los novelistas pronto reconocieron el atractivo de tales grupos, y la palabra «culto» entró en la ficción popular. Cualquier connotación positiva desapareció pronto, y el término se convirtió en un sinónimo de grupos religiosos controlados por el mal, que practicaban rituales satánicos con sacrificios y cultos demoníacos.

Avanzando rápidamente hasta mediados del siglo XX, el término culto se ha convertido en una forma despectiva de describir cualquier forma de religión o comunidad alternativa que no se ajusta a las creencias habituales. El estilo de vida alternativo «hippie» estaba maduro para adoptar el estatus de «culto». El uso de drogas y la promoción del amor libre crearon una generación de jóvenes lista para la explotación.

Antes de explorar algunos de los cultos más infames, es importante entenderlos. Cómo funcionan, por qué atraen a algunas personas más que a otras, y algunas ideas falsas populares.

El factor más común empleado por los líderes de los cultos es el control mental. La mayoría de los expertos están de acuerdo con este hecho y reconocen que los cultos son dirigidos por personas hábiles en la coerción y emplean técnicas de reclutamiento engañosas.

Los cultos adoptan diferentes formas y están diseñados para atraer a todo tipo de personas. Después de todo, una secta solo tiene éxito si tiene miembros.

1) Culto Religioso: posiblemente, el primer tipo de culto acontecido en el siglo XVII. Los cultos religiosos usan sistemas de creencias para atraer a miembros potenciales prometiendo la salvación espiritual.

2) Cultos de tipo comercial: este tipo de organizaciones apelan a la emoción básica de la codicia. Prometen recompensas financieras si los seguidores hacen lo que se les dice. Tendrán un líder financieramente exitoso que personifica el futuro deseado por sus seguidores ricos. Estos cultos usan técnicas de control mental para persuadir a los seguidores de trabajar gratis. Producirán materiales de motivación los cuales se venderán a los seguidores. Los videos motivacionales, la literatura y los seminarios les prometen éxito en el futuro, pero no mencionan que el líder del culto gana una fortuna vendiendo los materiales motivacionales.

3) Grupos de autoayuda: constantemente se nos dice que los grupos de autoayuda, la terapia y la mejora de nuestra salud mental son importantes. Si bien esto es cierto, algunos cultos utilizan este hecho para dirigirse a las personas vulnerables. Pueden ofrecer cursos costosos para «mejorar su vida», que implican encerrarse en retiros y someterse a diversas actividades de grupo. Usarán métodos manipuladores para crear poderosos lazos emocionales con el sujeto y validar el poder del culto. Lo cual conducirá a más cursos y seminarios que prometen progresar en el mejoramiento del individuo y, por supuesto, cuestan aún más. El único escape para muchas personas de este tipo de cultos es la bancarrota.

4) Políticos: el uso del control mental y la propaganda por parte de Hitler y Stalin ya ha sido tratado anteriormente. Estos son ejemplos clásicos de una mentalidad de culto a gran escala. Muchos de estos métodos han sido empleados nuevamente en tiempos recientes, por un número de líderes políticos actuales, que buscan controlar las elecciones y apelar a su «base» de seguidores.

Conceptos erróneos comunes sobre las sectas

Cuando pensamos en el término secta, puede evocar ciertas imágenes. Por ejemplo, suicidios en masa de los miembros.

Pueden tener una parte de verdad, pero las sectas se han infiltrado en la sociedad tomando formas menos obvias. Si se quiere entender la cultura de las sectas, es esencial reconocer los conceptos erróneos comunes, así como las verdades.

Todos los miembros de las sectas viven en comunas

Las sectas prosperan usando el aislamiento y la reclusión para controlar a sus miembros. En algunos casos, esto significa aislarlos físicamente del mundo exterior y formar comunidades autosuficientes. Sin embargo, algunos cultos tienen éxito en la creación de una forma mental de aislamiento. Fomentan la mentalidad de «ellos contra nosotros», que permite a los miembros vivir y trabajar en vecindarios normales y trabajar en empleos regulares. Estas personas están emocional y mentalmente aisladas, pero presentan un exterior funcional para enmascarar su miedo u odio a los extraños.

Todos los miembros del culto llevan togas, cantan y visten ropas extrañas

Los líderes egoístas de las sectas pueden tener pautas para sus miembros que dictan cómo deben vestirse. Las sectas y los cultos más inteligentes reconocen los beneficios de mezclarse. Alientan a sus feligreses a mantener sus trabajos ordinarios y utilizan su «apariencia normal» para animar a otros a mostrar interés en su grupo.

Los cultos son dirigidos por individuos

Los cultos se basan en el control. Aunque los líderes representan los cultos más famosos, no debería ser una forma exclusiva de definir el término. A menudo un grupo dirigido por una junta directiva o un círculo de «profetas» usará el control mental para influir sobre sus miembros. Nunca subestime los motivos de una organización con base en sus métodos de liderazgo.

Los cultos alientan a tener familias numerosas

La imagen popular de una secta tiene chicas jóvenes, embarazadas y descalzas con múltiples parejas y una horda de niños rodeándolas. A veces será así; la generación mayor reconocerá los beneficios de los congregantes «de cosecha propia» que tienen menos probabilidades de abandonar el culto. Pueden permitir los matrimonios múltiples y fomentar el amor libre.

Algunos cultos operan con una agenda diferente. Limitan o incluso prohíben que sus miembros tengan hijos. Se centran más en animar a sus miembros a dedicar tiempo a reclutar nuevos miembros o a trabajar para el grupo. El control que los cultos tienen sobre sus miembros es lo que lo determina, no el tipo de relaciones o el tamaño de las familias.

Los cultos son pequeños e íntimos

En el pasado, los líderes de los cultos entendían el poder de la interacción e influencia personal. La mayoría de los cultos se limitaban a un cierto número de personas, cientos de personas normalmente, pero nunca más de unos pocos miles. Los métodos de comunicación modernos han cambiado todo eso. La Internet permite que los cultos atraigan a personas de todo el mundo, salvando las barreras culturales y de idioma con el uso de aplicaciones de traducción y grupos de redes sociales.

Algunos cultos modernos han usado Internet para aumentar su número de miembros de forma proactiva. Los grupos aparecen regularmente en sitios de redes sociales como Facebook e Instagram con mensajes atractivos sobre sus enseñanzas y doctrinas. Internet es el sueño de todo líder de culto; permite el contacto cercano y personal que necesitan, con personas que están a miles de kilómetros de distancia. Algunos cultos tienen miembros que suman cientos de miles o incluso millones, gracias a Internet.

Solo la gente estúpida se une a los cultos

Suelen tener una doctrina que apela a la gente caritativa los atrae y les da un sentido de pertenencia. Es entonces cuando se emplean las tácticas de control mental y explotación.

Las personas inteligentes y exitosas a menudo se sienten aisladas porque son diferentes. Unirse a una secta les ofrece un lugar para encajar, para ser parte de una organización más grande, y para hacer el bien. Otro aspecto atractivo de la vida de un culto es el poder de ascender en las filas. Muchos cultos confieren a la gente en una posición de poder que les permite dominar a otros miembros, tal vez financiera o sexualmente. Esto alimenta su ego y a su autoestima inflada.

¿Deberíamos tener miedo de los cultos?

Cuando se usa el término culto, puede ser engañoso. No hay una distinción significativa entre la mayoría de las religiones y cultos. Animan a sus miembros a comprometerse con los ideales y creencias del grupo y predican la palabra a otras personas. La mayoría de las religiones piden algún tipo de compromiso financiero a sus miembros, así que ¿por qué los cultos son diferentes?

Los métodos psicológicos para distorsionar la forma en que sus miembros actúan, piensan y se comportan hacen la diferencia. Estudiar algunos de los cultos más infames nos ayudará a entender la diferencia.

Cultos extremos y perturbadores de la historia reciente

A veces puede parecer que Estados Unidos es el hogar natural de los cultos con Charles Manson, L. Ron Hubbard, y David Koresh en sus relatos históricos.

Aquí exploramos algunos de los cultos más conocidos junto con algunos de los movimientos menos conocidos de todo el mundo:

Aum Shinrikyo

En 1995 el mundo se horrorizó cuando el metro de Tokio fue sometido a un ataque con gas Sarín. Se descubrió que los perpetradores eran un grupo religioso japonés conocido como Aum Shinrikyo liderado por el carismático Shoko Asahara. En el momento de los ataques, se estimaba que los miembros de la secta sumaban alrededor de 10.000 en Japón y hasta 45.000 en todo el mundo.

El movimiento comenzó como una clase de yoga y meditación en 1984 y apelaba a personas tranquilas que buscaban una forma espiritual de practicar actividades de yoga. A medida que Asahara comenzó a aumentar su popularidad, rebautizó el movimiento y convirtió al grupo en un culto religioso. Utilizó declaraciones audaces, entrevistas públicas e ideas controvertidas para reclutar miembros. El grupo comenzó a suscitar polémica en los años siguientes, y hay informes de que un miembro del culto que intentó abandonarlo en 1989 fue asesinado.

El grupo se trasladó a Australia Occidental y comenzó a fabricar agentes nerviosos y armas químicas. Realizó ataques en varias ciudades japonesas, que provocaron muchas muertes. Las investigaciones policiales no reconocieron la participación del culto y se centraron en civiles inocentes. Tras nuevas atrocidades, se descubrió la participación de Aum Shinrikyo y doce miembros del culto fueron condenados a muerte. Asahara y otros seis miembros fueron ejecutados el 6 de julio de 2018, y los miembros restantes fueron ejecutados veinte días después.

La Iglesia de la Unificación

En los años 40 la Iglesia de la Unificación, o como se conoce más comúnmente, «Secta Moon», nació como un movimiento religioso iniciado por Sun Myung Moon. El grupo extrajo creencias de varias fuentes y las registró en su «biblia» *Principio Divino*. Eran una mezcla de creencias cristianas, tradiciones asiáticas, y se centraban en la existencia de un Dios universal. Predicaban la creencia de que todas las personas merecían la salvación, que Jesús fue asesinado por error, y que la segunda venida sería señalada por el nacimiento de un varón en Corea en el siglo XX.

El movimiento trasladó su sede a los Estados Unidos en la década de 1950. Continuó expandiéndose hasta alcanzar los 5.000 miembros a finales de los 70. Sun Myung Moon comenzó a proclamarse como el segundo mesías durante este período, y su movimiento recibió muchas críticas.

Los argumentos se dispararon cuando los padres de los jóvenes usaron desprogramadores para sacar a sus hijos del culto. También hubo cierto apoyo en los círculos teológicos a la Iglesia, y los expertos instaron a una consideración más mesurada de las prácticas que llevaba a cabo. A medida que la Iglesia de la Unificación ganaba más aceptación en la corriente principal de la cultura norteamericana, Moon fue objeto de una revisión financiera por parte del gobierno.

En 1982 fue condenado por falsificar las declaraciones de impuestos y conspiración de fraude al gobierno de los Estados Unidos. Se ha informado que estos cargos fueron presentados porque Moon y su esposa habían hecho un gran truco en julio del mismo año. Se «casaron» 2075 parejas en una «ceremonia de boda masiva» en Madison Square Gardens mientras algunos miembros norteamericanos replicaron la ceremonia en Corea del Sur. Muchas de las parejas eran multirraciales y escogidas por Moon.

En 1994, para conmemorar el 40 aniversario de la fundación de la Iglesia de la Unificación, se anunció que surgiría una nueva organización. La Federación de Familias para la Paz y la Unificación Mundial se convirtió en una fuerza significativa en la comunidad religiosa y alentó la moralidad sexual y la reconciliación interracial.

El término «*Moonis*» se ha convertido en un término despectivo para cualquiera que exprese el deseo de unirse a un movimiento de tipo sectario.

Jonestown

Jim Jones fundó el movimiento de culto conocido como el Templo del Pueblo. Es infame porque, en 1978, diseñó el mayor asesinato -suicidio en masa en la historia de América. Jonestown era una comunidad utópica en las profundidades de la selva de Sudamérica. El 18 de noviembre, Jones ejecutó un ataque asesino contra un congresista estadounidense y tres miembros de los medios de comunicación en la capital de Guyana, Georgetown. Más tarde ese mismo día, mezcló un lote de ponche de frutas con cianuro e instó a los miembros del grupo a beberlo.

La mayoría de las personas obedecieron, aunque se cree que algunos miembros del culto se inyectaron o se les disparó. La expresión «beber el Kool-Aid» se refiere a lo que se conoce como la masacre de Jonestown, y simboliza la propaganda y la guerra psicológica. Más de 900 estadounidenses murieron ese fatídico día, demostrando que el poder de la persuasión y el control mental pueden ser mortales.

La familia Manson

Podría decirse que el culto más famoso de la historia fue dirigido por Charles Manson, que estableció un hogar para su «familia» en el desierto de San Fernando, California, a finales de la década de 1960. Alentó el uso de drogas alucinógenas y al verano del amor. Manson se proclamó a sí mismo como mesías y animó a sus seguidores a adorarlo y a seguir todos sus caprichos. En noviembre de 1968, Manson conoció a un gerente del mundo del espectáculo que mencionó que alquilaba su casa a la personalidad estelar del entretenimiento, Roman Polanski y a su esposa, Sharon Tate. Manson inventó un plan para enviar a sus devotos de más confianza en una misión asesina para matar a la pareja. Planeó iniciar una guerra racial que llevaría a un apocalipsis global, permitiéndole ascender al poder.

Los devotos de la familia Manson asesinaron a varias víctimas en 1969, pero la más impactante ocurrió el 9 de agosto. Manson le dijo a sus seguidores que asesinaran a la actriz embarazada Sharon Tate y que mataran a cualquier otra persona que estuviera en la propiedad. Las otras cuatro personas de la casa fueron asesinadas junto a la actriz embarazada de ocho meses en un baño de sangre que conmocionó a los policías que asistieron a la escena del crimen.

La noche siguiente, Manson acompañó a otros miembros de su familia a cometer otro doble asesinato. Ataron y torturaron a Leno y Rosemary LaBianca en su casa en la zona de Los Feliz, Los Ángeles.

Los dos días de asesinato se han convertido en uno de los ejemplos más infames de lo peligrosos que son los cultos. Entonces, ¿deberíamos tener miedo de los cultos? Debemos estar informados, conscientes del poder de los cultos y a veces temer. No vale la pena ignorar el peligro real y actual que representan los cultos.

Capítulo 10: PNL y técnicas oscuras de negociación

¿Qué es la PNL?

PNL significa Programación Neuro-Lingüística. En los años 70, Richard Bandler y John Grinder desarrollaron PNL, después de estudiar a personas exitosas en el campo de la comunicación y la negociación. Descubrieron los métodos comunes utilizados para persuadir y manipular a otras personas para que se sometan a su voluntad.

El resultado es un programa de técnicas respecto a cómo el cuerpo, la mente y el lenguaje trabajan juntos para provocar ciertos cambios en el comportamiento de la persona para hacerla mejor negociadora. Descubrieron diferentes formas en que las personas asimilan el poder del lenguaje, mientras otros son conscientes de comportamientos físicos.

La PNL funciona porque la mayoría de la gente basa sus reacciones en la información disponible. La PNL, como una fuerza positiva, asume que todos pueden usar el programa para lograr sus propias metas físicas y espirituales. También se ha descubierto que estas mismas técnicas pueden ser usadas para propósitos oscuros y manipular a otras personas para que hagan cosas a las que no están dispuestas.

La verdad es que la PNL puede ser usada con buenas o malas intenciones. Si alguien duda de su progreso respecto a sus ambiciones o deseos, las técnicas de PNL pueden usarse para avanzar. Si siente que el proceso de toma de decisiones de alguien toma un giro que podría ser perjudicial, las mismas técnicas podrían alterar sus decisiones. Estas son buenas intenciones, ¿verdad? Pero también pueden ser usadas para hacer que la gente haga cosas que no son tan honorables.

¿Está sometido a técnicas de PNL?

Si siente que ciertas personas tienen una influencia perjudicial sobre usted y teme que puedan estar manipulándole, puede ser incómodo. ¿Le resulta imposible decir que no a ciertas personas? ¿Está siendo manipulado?

Signos de utilización de la PNL

1) **Pueden imitar sus acciones:** preste atención a la gente que le rodea. ¿Están imitando su lenguaje corporal? Cuando cruza las piernas, ¿hacen lo mismo? Intente apartar un mechón de pelo de su cara y mire si alguien hace el mismo movimiento inmediatamente después. Espejar es un comportamiento natural y a menudo instintivo entre las personas que se sienten cómodas entre sí, pero algunas personas lo usan conscientemente como una poderosa técnica de PNL para fomentar la confianza. Algunas personas son más adeptas a esto que otras, pero si presta atención, notará si las acciones parecen artificiales y poco sinceras.

2) Pueden usar veinte palabras cuando una bastaría: ¿tiene personas en su vida que usan un lenguaje vago e insípido para decir mucho sin decir nada en realidad? Por ejemplo, una frase como «Veo que eres consciente de tu espacio personal y de la relevancia que tiene en tu ser físico, pero no eres consciente de las barreras que levantas para cumplir con tu autodisciplina, mientras permites que otros floten por encima de esas barreras y te observen». A los PNL les encanta este tipo de lenguaje, que los hace parecer conocedores y espirituales al mismo tiempo.

3) Insisten en la toma rápida de decisiones: ¿tiene compañeros de trabajo que le piden constantemente que tome decisiones rápidas? Tal vez un jefe que le presiona para que diga sí o no en un momento dado. La mayoría de la gente necesita pensar las cosas y tomarse su tiempo para tomar decisiones. La gente que usa PNL reconoce que es más fácil manipular a la gente cuando los presiona. Usarán un lenguaje en capas para influenciarle como: «Necesitamos tomar decisiones valientes rápidamente; si no lo hacemos, pareceremos incompetentes y poco profesionales». Este tipo de lenguaje está diseñado para hacerle sentir una persona inferior si no cumple con la presión inicial.

4) Le darán permiso para hacer lo que *ellos* quieren: esta puede ser una técnica difícil de detectar. Si alguien la usa para producir resultados negativos, usará la presión del permiso para influenciarle. Por ejemplo, si quieren que usted de algo, le presionarán con el lenguaje: «Adelante, comienza tu nueva vida sin egoísmo, ¡comienza conmigo! ¡Libérate de tu naturaleza egoísta y comparte tu fortuna conmigo!»

La idea de estas técnicas es hacerle sentir como si usted estuviera a cargo de sus decisiones y de los caminos que elije. Suenan retorcidas y engañosas cuando las analiza. Desconfíe de estas técnicas y evite que se aprovechen de usted.

Técnicas oscuras de negociación

Todos debemos negociar. Puede ser tan simple como hacer que sus hijos se acuesten o tan complejo como negociar un nuevo contrato en el trabajo. Las negociaciones jugarán un papel importante en la vida. Si conoce a alguien que siempre parece salir ganando en las negociaciones, lo más probable es que conozca las siguientes tácticas y las utilice para sacar provecho.

Mejorar en la negociación

Intente estos trucos de negociación para conseguir lo que quiere:

1) Siempre parecer decepcionado: los negociadores exitosos conocen el poder de la decepción. Incluso cuando están secretamente encantados con una oferta, saben que fingir decepción les beneficiará de las siguientes maneras:

- Podrán pedir más porque parecen descontentos con la propuesta en curso.

- Si se muestran felices ante una oferta, el otro sentirá que ha exagerado el valor del trato. Esto podría provocar que reduzca o reconsidere la oferta.

2) Responder con preguntas: siempre que sea posible, mantenga el flujo de la interacción mediante el uso de preguntas para responder a las consultas. Por ejemplo, si el otro le dice: «Tienes que bajar más el precio». Entonces usted responde: «¿Cuánto más?».

3) Reconocer que una actitud defensiva no ayuda: si una situación se calienta, necesita relajar la tensión con la risa. Los grandes negociadores conocen el poder del humor y lo usarán para desarmar a sus oponentes.

4) Inventar una autoridad superior que tiene la última palabra: si alguna vez ha negociado el precio de un coche, lo más probable es que haya visto esta técnica. Los negociadores realmente poderosos se describirán a sí mismos como un ejecutivo de bajo nivel cuando se

trate de la última palabra. Esto significa que pueden detener las conversaciones porque necesitan consultar con una autoridad superior. Entonces le dan tiempo de reflexionar sobre su oferta y reconsiderar su posición. Cuando regresan, pueden implementar el juego del policía bueno y el policía malo y decirle que hicieron todo lo posible, pero los de arriba no cederán.

Cómo lidiar con estas tácticas

- Finja creerles, pero tome nota mental de la táctica.

- Identifique a la persona que juega al policía bueno y el policía malo.

- Finja interés en conocer a las «personas de arriba».

1) Cambios de última hora en un trato: crear un dilema de última hora es una táctica clásica de manipulación. Cuando un trato no se ha cerrado todavía, la otra persona puede alegar que una autoridad superior (posiblemente denominada «la junta») está interfiriendo.

Intente dar este tipo respuesta: «Bien, entiendo lo que dice. El problema es que realmente quiero cumplir con mi parte del trato, pero mientras usted estaba hablando con la junta, tuve tiempo de hacer algunos números, y la verdad es que el mercado ha cambiado. Hay más demanda de mi producto, y por eso, tendré que cobrarle un 10% más. Sé que aviso con poca antelación, así que estoy dispuesto a rebajar esto a un 5%, pero necesito su respuesta al final del día.»

2) Usar el poder de la ubicación: puede que no se haya dado cuenta, pero cuando se negocia, quien juega de local tiene una clara ventaja. Si comienza sus negociaciones acordando la reunión en la oficina del otro o en el lugar que este ha elegido, ha hecho la primera concesión. Trate de evitarlo teniendo voz y voto en el lugar de la reunión. Un lugar neutral será un campo de juego con igualdad.

3) Traer refuerzos: Si alguna vez se siente superado en número durante las negociaciones, puede significar que la oposición está haciendo sus jugadas de negociación. Si le rodean o se sientan todos frente a usted, están tratando de crear un marco antagónico de «nosotros contra usted», diseñado para intimidarle.

Intente este poderoso movimiento para ponerse en ventaja

Si más de una persona se presenta para discutir el trato, intente decir esto: «Hola [insertar nombre], me alegro de verle. Esperaba un trato más personal hoy. Cuanta más gente se involucre, más probable es que se complique. Puedo recomendar un buen café donde estas personas pueden tomar algo. No nos llevará mucho tiempo resolverlo».

No solo ha sacado de en medio a la gente extra que ha aparecido, sino que ha tomado la delantera en las negociaciones y también ha sugerido que será una reunión rápida, de la cual ya conoce el resultado.

1) La técnica del mordisco: también conocida como sacar hasta la última gota. Cuanto más manipulador sea un negociador, más tratará de sacar provecho de un trato. Justo cuando agarre el bolígrafo para firmar el acuerdo, le lanzarán una bomba pidiendo un poco más.

2) Fingir que ha visto un defecto: esta es otra táctica de último minuto diseñada para obtener concesiones adicionales antes de firmar. Señalarán algo que dicen no haber notado y pedirán un descuento. Manténgase fuerte y dígales que el precio ya se había acordado o intente esta otra técnica de negociación. Dígales que si abandonan la táctica de retraso, el almuerzo corre por su cuenta. Entonces puede irse inmediatamente después de que el trato se haya sellado.

3) Utilizar recursos en línea para nivelar el campo de juego: si está en una posición de poder al cerrar un trato, su oponente puede apelar a los medios electrónicos para negociar el resultado. No entre en pánico, tratan de superarle, pero usted conoce el juego. Sugiera que

se produzca un encuentro cara a cara, pero puede discutir los detalles en línea. Esto le ayudará a entender las razones que tienen para evitar los encuentros personales.

Otros métodos de PNL

La PNL no se trata solo de manipular a otras personas. Es un manual para su cerebro que puede transformar su vida por completo.

Pruebe estas técnicas de PNL para proyectar un futuro mejor para usted:

1) Disociación: ¿cuáles son los peores escenarios que enfrenta regularmente? ¿Tiene pánico cuando se enfrenta a hablar en público, o siente timidez en presencia de miembros del sexo opuesto? Intente los siguientes pasos para ayudar a aliviar estas emociones paralizantes:

- Identifique cuando se siente incómodo y no está completamente en control de sus emociones.

- Imagínese a sí mismo elevándose por encima de su cuerpo físico y viendo la situación desde arriba. Usted es simplemente un observador, y sus sentimientos cambiarán a medida que observe.

- Flote de vuelta a su cuerpo físico y lleve consigo la sensación de calma que experimentó. Si siente que aparece el pánico, repita el proceso hasta que se sienta cómodo.

2) Recontextualizar el contenido: esta técnica se trata de poner las cosas en perspectiva. Por ejemplo, tal vez ha perdido su trabajo. Puede estar angustiado al principio, pero necesita cambiar la sensación. Ahora es libre de probar una carrera diferente. Podría decidir empezar un negocio propio. En vez de tener miedo y pánico, enfóquese en lo positivo.

3) Crear compenetración: puede intentar crear empatía y conexión con otra persona reflejando su lenguaje corporal durante una conversación. El reflejo a menudo ocurrirá subconscientemente entre dos personas que comparten intereses similares o un vínculo estrecho. Por supuesto, el reflejo es solo una parte del paquete y no hará usted que le guste a la gente si es una persona horrible. Es solo un pequeño empujón para prestarle atención y hacer que los demás compartan una relación con usted. Si ellos sonríen, usted sonríe. Si inclinan la cabeza cuando hablan, entonces usted podría hacer lo mismo. Intente hacer como un espejo verbal y baje la voz cuando lo hagan. Si capta ciertos términos que les gusta usar, entonces incorpórelos.

En resumen, las técnicas de PNL pueden utilizarse para hacerle mejor persona. Esto le ayudará a conseguir amigos y a tener más confianza en sí mismo. Proyectará una versión mejorada de usted, atractiva para los demás.

No se puede enfatizar lo suficiente; los métodos de PNL pueden ser tanto positivos como negativos. La forma de utilizar estas técnicas es una elección personal. Tenga en cuenta que el uso de las operaciones psicológicas es una forma importante de cambiar la vida de las personas. Úselas con cuidado.

Capítulo 11: Ciberdelincuentes

Es importante definir el término «ciberdelincuencia» para comprender cómo operan los ciberdelincuentes. En 1981 Ian Murphy, también conocido como el Capitán Zap, se convirtió en la primera persona condenada por un crimen informático. Hackeó los ordenadores de AT&T y cambió sus relojes internos. Esto permitió a los clientes acceder a descuentos nocturnos durante el día.

Tres años después, en 1984, el Servicio Secreto recibió la jurisdicción sobre el fraude informático, lo que llevó al Congreso a aprobar una ley que establecía que el hackeo de sistemas informáticos se consideraba un acto criminal. El primer ataque a gran escala fue en 1988, cuando se robaron 70 millones de dólares del *First Bank of Chicago*. Esto dio lugar a una serie de ataques a medida que los piratas informáticos se hicieron más frecuentes y exitosos. Historias de adolescentes infiltrados en sitios web del gobierno aparecían en los medios de comunicación, y grupos «hacktivistas» comenzaron a formarse.

En 2008 el Pentágono declaró oficialmente el ciberespacio como el «quinto dominio de la guerra», que identificó la creciente amenaza que representan los ciberdelincuentes.

¿Qué es el ciberdelito?

Es el uso de las redes cibernéticas para obtener acceso ilegal a los datos e información de otras personas. Esto puede incluir sitios web nacionales, gobiernos, empresas, organizaciones de venta al por menor en línea, bancos y particulares. Cuando utilizamos nuestros ordenadores personales, deberíamos poder sentirnos seguros. Deberíamos poder confiar en que nuestra información no está en peligro ante fuentes fraudulentas y ciberdelincuentes. Esto, por supuesto, rara vez es así.

Los ciberdelincuentes apuntan a cualquier cosa y a todos. Están interesados en cualquier cosa que pueda ser usada para crear beneficios. Esto podría implicar el intercambio de secretos militares o comerciales, o ser tan simple como el robo de datos de tarjetas de crédito o PIN de tarjetas de débito.

Las nuevas tecnologías inevitablemente crean nuevas oportunidades criminales, pero eso no necesariamente crea nuevas formas de crimen. El ciberdelito es una forma de robo en línea para los delincuentes tradicionales que pueden usar una computadora. El fraude, la pornografía infantil y el robo de identidad ya existían antes de la aparición de la computadora, pero todos ellos han sido vinculados con el término general de ciberdelincuencia.

La distinción importante que hay que entender es que el ciberdelito tiene un carácter no local. Ha abierto oportunidades en todo el mundo para quienes buscan beneficiarse de las actividades delictivas. El beneficio de Internet, que se extiende por todo el planeta, ofrece una amplia gama de oportunidades para los delincuentes; ha creado algunas zonas grises de legalidad. Por ejemplo, si una persona que vive en un país con leyes estrictas contra ciertos tipos de pornografía accede a ese material en un país con leyes menos estrictas, ¿están sujetos a las leyes de ese país o a las de su país de residencia?

¿Dónde ocurre el ciberdelito? Existen métodos para que los ciberdelincuentes oculten su rastro y disimulen su presencia en la red. Sin embargo, al igual que las fuerzas policiales tradicionales pueden rastrear a los delincuentes físicos, algunos profesionales cibernéticos están capacitados para descubrir las huellas de un ciberdelincuente.

Formas comunes de ciberdelincuencia

Preguntar qué tipos de delitos se llevan a cabo en línea es como pedirle a un estudiante de derecho que haga una lista de todos los tipos de delitos cometidos en el mundo. Aunque somos conscientes de que los ciberdelincuentes se infiltran en las principales organizaciones y causan trastornos en todo el mundo, esto a menudo no afecta nuestra vida cotidiana. Los delitos más relevantes para los individuos suelen implicar algún tipo de fraude o robo.

Crímenes cibernéticos que pueden afectarle

El príncipe nigeriano o las 419 estafas

Antes de la aparición de la ciberdelincuencia, esta estafa se utilizó con el correo tradicional y más tarde con el fax. La estafa consiste en la solicitud de un «príncipe nigeriano» que tiene millones de dólares inmovilizados en una cuenta en Nigeria y necesita una cuenta bancaria a la cual transferirlos. Se le pide al destinatario una pequeña suma por adelantado para ayudar a sacar el dinero del país con la promesa de que recibirá una suma mayor en el futuro. Por supuesto, el dinero nunca llega, y el estafador a menudo pide más dinero. Algunas víctimas han sido estafadas por cientos de miles de dólares.

Fraude de cajeros automáticos

A los cibercriminales les encanta hacer dinero de una forma mundana y simple. Han desarrollado la forma de registrar los datos de las tarjetas de los clientes en el cajero automático y luego piratean los registros bancarios para obtener acceso a los PIN. Después crean tarjetas falsas para retirar grandes cantidades de efectivo de forma ilegal. El problema va en aumento, ya que los cajeros automáticos son el método preferido para retirar dinero en todo el mundo. El robo de cajeros automáticos se ha convertido en un problema internacional cada vez mayor.

Fraude electrónico

Con mucho gusto transferimos fondos en línea para pagar facturas y comprar artículos en línea. Ya nadie parece llevar dinero en efectivo, y esto es un maná del cielo para los ciberdelincuentes. Hay ejemplos de cibercriminales que acceden a la base de datos de un banco y transfieren solo un dólar de cada cuenta. Este tipo de transferencias vuelan por debajo del radar y pueden permanecer sin detectarse durante meses. Grandes sumas han sido robadas usando transferencias electrónicas.

Piratería

Aunque a la mayoría nos habrán ofrecido DVD y discos compactos falsos, todos sabemos que es ilegal. La mayoría de la gente reconocerá el delito como un robo, mientras que otros considerarán que es su derecho aprovecharse de esta oferta de entretenimiento gratuito. Pero, ¿y si nuestros trabajos fueran plagiados de la misma manera? ¿Y si la gente esperara que los bienes y servicios que suministramos fueran gratuitos? Eso sería un crimen, ¿verdad? Entonces, ¿por qué no tenemos el mismo respeto por los trabajos de la gente la industria del entretenimiento? La piratería es un crimen.

Robo de identidad

Muchos recordarán el episodio de *Friends* (1994) en el cual una señora amante de la diversión robó la identidad de Monica Geller de forma hilarante. El verdadero delito de robo de identidad es posiblemente una de las formas más insidiosas en que los ciberdelincuentes pueden afectar su vida. La única información que un criminal necesita en los Estados Unidos es el número de seguro social de alguien, y podrá robar su identidad. Conseguirán acceso a todos los documentos relacionados con la ciudadanía de aquella persona. Estará en su poder establecer una identidad completamente distinta usando el nombre de la víctima. Pueden adquirir una licencia de conducir, abrir cuentas bancarias y obtener préstamos. Operan en muchos niveles diferentes. Las cantidades más pequeñas son de 300 dólares, pero hay sumas mayores. La mayoría de los estadounidenses son conscientes de la posibilidad del robo de identidad y están atentos, por lo cual los montos han disminuido en los últimos tiempos.

Spam

Si tiene una dirección de correo electrónico, entonces le habrán enviado *spam* de algún tipo. Se trata de correos electrónicos no solicitados que contienen anuncios o enlaces a sitios que pueden ser, en el mejor de los casos, inútiles y, en el peor, ofensivos. El *spam* puede parecer una parte normal de la vida cibernética, pero es un crimen. Peor aún, es un crimen contra todos los usuarios de Internet. Es imposible saber cómo eliminar el *spam* sin violar la libertad de expresión que disfrutamos. La mayoría estamos protegidos por los proveedores de correo electrónico, pero podríamos beneficiarnos si implementamos medidas de seguridad adicionales.

Los crímenes listados son solo un vistazo superficial de todos los cometidos por los ciberdelincuentes. Necesitamos saber cómo protegernos en línea tanto como nos protegemos en la vida normal.

Protección contra ciberdelincuentes

Internet no es un lugar seguro para todos los usuarios. Si bien esperamos alguna forma de protección por parte de las redes de comunicación social y los sitios que usamos, también podemos tener algunas precauciones adicionales. No solo son adecuadas para los usuarios expertos en tecnología, pueden ser utilizadas por cualquier persona que sepa cómo encender un ordenador.

1) Usar contraseñas fuertes: ¿tiene la misma contraseña para todos los sitios que usa? ¿Es una combinación de su fecha de nacimiento y el nombre de una mascota para poder recordarla fácilmente? ¿Sabía que alrededor del 70% de los adultos usan la misma contraseña para varios sitios? ¡Tiene que cambiar esto! Complejice sus contraseñas. Cámbielas regularmente. Utilice símbolos, números y al menos diez letras que no sean necesariamente secuenciales. Utilice una aplicación de gestión de contraseñas para llevar un registro de sus nuevas y complejas contraseñas, y no confíe en su memoria.

2) Asegúrese de que su software se actualiza regularmente: los ciberdelincuentes siempre están buscando fallos en los softwares. Tienen un período de tiempo limitado para explotar estos defectos. Si actualiza regularmente el paquete que utiliza, puede estar un paso delante de ellos.

3) Usar una VPN: una VPN o red privada virtual es una necesidad para cualquiera que pase tiempo en línea. Protege su privacidad en línea y dificulta que los hackers lo rastreen a usted y a sus actividades. Puede elegir una VPN de bajo costo de varios proveedores para que su ubicación e información sea anónima. Las VPN encriptan todos los datos que envía y le mantienen a salvo. Las VPN son legales en la mayoría de los países, excepto China e Iraq, pero puede haber requisitos de anti-privacidad y censura, así que asegúrese de revisar la información de su región con vpnmentor.com.

4) Haga copias de seguridad de sus archivos regularmente: utilice un sistema de almacenamiento aparte para guardar sus archivos y así poder borrarlos de su ordenador. Al igual que una casa limpia protege su salud física, un ordenador limpio evita los virus y la corrupción virtual.

5) Tenga cuidado con dónde hace clic: los ciberdelincuentes le esperan para atraerle con anuncios pegadizos o enlaces atractivos. Nunca descargue un archivo de una fuente desconocida ni haga clic en un enlace generado por una fuente no legítima.

6) Mantenga sus datos financieros en privado: ¿cuántas veces ha leído acerca de correos electrónicos falsos u otras comunicaciones de los bancos pidiendo detalles de la cuenta? Los ciberdelincuentes saben que un correo electrónico de aspecto legítimo hará que algunas personas revelen sus datos de seguridad. Hable con su banco, y descubrirá que nunca le pedirán ningún tipo de detalles ni le pedirán que transfiera dinero a cuentas alternativas.

7) Administre su configuración de redes sociales: la mayoría de las personas tienen al menos una cuenta de redes sociales, y muchas personas tienen varias cuentas. Imagine eliminar la molestia de administrar estas cuentas con una sola herramienta en línea. Pruebe CoSchedule.com para obtener consejos sobre cómo administrar sus cuentas de redes personales y empresariales. Tome las cuentas de Twitter, Facebook, Instagram y Pinterest y vuélvalas más seguras. Este tipo de seguridad le ayudará a proteger su vida en línea y los detalles que revelan.

8) Comprenda que el robo de identidad puede ocurrir en cualquier lugar: cuando deja la seguridad de su casa, a menudo se pone en riesgo con los ciberdelincuentes. Cuando viaja, es posible que necesite obtener información en la carretera. Esto puede permitir a los piratas informáticos conocer dónde está, qué hotel o centro turístico visitará y cómo va a pagar.

¿Cuántas veces ha visto a amigos o familiares usando redes sociales para anunciar que se van de vacaciones? Es normal entusiasmarse con las vacaciones y los viajes, pero declarar que está a punto de salir de casa durante dos semanas es una invitación para ladrones y ciberdelincuentes. Lleve su VPN con usted y mantenga los detalles de su viaje en silencio hasta que regrese a casa.

9) Hable con sus hijos sobre los peligros de Internet: como sus hijos tienen un historial de crédito limpio, pueden convertirse en un objetivo para los criminales que se especializan en el robo de identidad. Explique a sus hijos lo que pueden y no pueden compartir

en Internet. Asegúrese de tener acceso a sus cuentas de redes sociales y de poder administrar sus configuraciones de seguridad.

También es el momento perfecto para contarles los peligros que pueden acechar en Internet. Nadie quiere asustar a sus hijos, pero es vital decirles que estén atentos. Necesitan saber que pueden acudir a usted si temen que les estén preparando o acosen en línea. El acoso ha alcanzado nuevos parámetros con Internet, y sus hijos pueden correr el riesgo de sufrir acoso o maltrato en línea.

10) Sea consciente de lo que debe hacer si usted es el objetivo: recuerde que nadie está seguro en línea, y si nota alguna anormalidad en su computadora, debe reportarla. Informe a la policía local, y ellos le ayudarán a decidir qué hacer a continuación. Hay muchos recursos para mantenerle a salvo. Si cree que alguien ha accedido a sus datos financieros, cancele todas sus tarjetas inmediatamente y póngase en contacto con su banco.

El crimen cibernético no se limita a novelas de espías y *thrillers*. El crimen en línea se está convirtiendo rápidamente en la forma número uno en que los criminales operan. Los daños previstos del crimen cibernético para el 2021 son alrededor de 6 billones de dólares solo en Estados Unidos. No se convierta en parte de esta estadística. Utilice los consejos anteriores para que su experiencia en la red sea agradable.

Capítulo 12: Cómo protegerse

¿Alguna vez se ha preguntado por qué se siente fuerte en algunos temas, y otros se le pasan de largo? ¿Sus opiniones se alimentan de influencias externas, o verdaderamente reflejan sus creencias?

Vivimos en una sociedad democrática, y nos animan a pensar libremente y a formar opiniones propias... Eso parece. Pero la verdad es que la democracia, en su forma más pura, es toda manipulación. Necesitamos que nos digan cómo pensar y qué es lo que nos atrae de personas que nunca conoceremos. Si no fuéramos educados para pensar de esa manera, nuestra sociedad sería un caos.

El problema con la sociedad moderna es que parece haber llevado este concepto demasiado lejos. Estamos sujetos a una propaganda apenas velada que se presenta como una noticia. Se nos presentan los «hechos» y la información que la gente en posiciones poderosas siente que debemos ver. La desinformación y la propaganda se difunden fácilmente a través de los medios de comunicación social y de los sitios web de «noticias». Si se trata de un sitio web de «noticias» con sesgo, ya sea de izquierda, derecha, o neutral, es importante verificar por cuenta propia cualquier «hecho» y filtrar las opiniones y la agenda de la organización de medios en cuestión. En resumen, a menudo se nos trata como a niños, y si se mira más de cerca, es posible reconocer los intentos flagrantes de apelar a nuestras emociones y prejuicios, en lugar de presentar claramente los hechos de manera imparcial.

En pocas palabras, tenemos que dejar de aceptar versiones tontas de la realidad y tomar parte activa en lo que consumimos. Los titulares breves que captan la atención y nos hacen pasar de un tema a otro nos dicen muy poco, pero plantan semillas de desinformación en nuestra psique.

Aquí hay algunas maneras de asegurarse de que la información que recibe sea relevante:

Elija cuidadosamente sus fuentes de noticias

Algunas fuentes de noticias son más fiables que otras, y algunos periodistas son más éticos que otros. Esto no significa que se puedan aceptar las opiniones o declaraciones de la gente como hechos, como los que a menudo se hacen en publicaciones cortas en Twitter o en redes sociales, sin verificación independiente y sin pruebas de que sean verdaderas. Muchas «noticias falsas» se difunden en memes, publicaciones o en sitios web de «noticias» altamente sesgados, y a través de redes sociales. Es importante encontrar fuentes fiables e investigar más a fondo, utilizando el pensamiento crítico, antes de creer la información. Deben presentar argumentos equilibrados que contengan cualquier posible sesgo y que provenga de una fuente fiable y ética, no de un artículo de opinión, un titular sesgado o declaraciones en redes sociales que promuevan teorías de conspiración, que se pueden desmentir fácilmente como mentiras descaradas.

Cuando empiece a cuestionar los hechos que se le presentan; aprenderá a separar la propaganda de la realidad. Hay tantas fuentes que proporcionan «noticias» que puede resultar abrumador.

Fuentes confiables que producen periodismo de calidad

1) *The Wall Street Journal:* cuando elige leer el WSJ, sabe qué puede esperar. La publicación produce artículos muy precisos con un sesgo conservador. Cuando asume esto, puede confiar en que le proporcionará información de una fuente confiable.

2) La *BBC:* esta conocida institución británica es respetada en todo el mundo por su contenido preciso y su falta de sesgo. Cuando la BBC informa sobre historias políticas, se enfoca en lo que los políticos han dicho y poco más. No usa sus puntos de vista para influenciar a los televidentes; no se puede decir lo mismo de la mayoría de las cadenas de noticias de Estados Unidos. Los comentarios de la BBC son generalmente factuales y confiables.

3) The Economist: esta publicación ha existido por más de 150 años y tiene una postura liberal en la mayoría de las historias. Es una fuente confiable de noticias con hechos claros. *The Economist* publica artículos de opinión, así como noticias directas. Sin embargo, aclara explícitamente que los artículos de opinión son exactamente eso. El periodista declara su opinión personal y trata de persuadir a las personas para que estén de acuerdo. *The Economist* es una fuente seria de noticias inteligentes y confiables y es considerada la fuente de noticias más confiable de los Estados Unidos.

Leer más

Si bien la noticia es importante, debe equilibrarse con otras lecturas. Pruebe con libros de no ficción para ampliar su comprensión del mundo y disfrute de una pieza clásica de ficción en lugar de encender la televisión. Lea ampliamente sobre historia, teología o temas científicos. La mente es capaz de grandes cosas si se le da alguna información con la cual trabajar.

No elija bandos en la política

Solo se puede obtener una visión equilibrada de un tema si se consideran todas las partes. Usted tendrá un sesgo; todos lo tenemos, pero si solo escucha a la gente que tiene los mismos puntos de vista que usted, ¿cómo construirá una opinión equilibrada? Intente ser abogado del diablo y lea como si fuera partidario de los contrarios. Si puede dejar de lado sus filiaciones, se convertirá en un votante más informado que podrá participar en debates políticos con confianza.

Intente pensar con claridad

Ahora tiene fuentes confiables de noticias; es hora de abordar cómo piensa sobre otros aspectos de su vida. ¿Se deja arrastrar por las opiniones populares y está de acuerdo con las declaraciones solo para encajar? Eso no es saludable, usted es un individuo, y es hora de que afirme la versión libre de usted mismo.

Formas de aclarar la mente y pensar por sí mismo

Crear un espacio mental saludable

¿Siempre ocupa su mente en con las redes sociales, o revisa constantemente los correos electrónicos y el teléfono en busca de mensajes? ¿Recuerda los viejos tiempos cuando no sentíamos la necesidad de conectarnos con todo el mundo las 24 horas del día? Tal vez no; tal vez es demasiado joven para recordar esos días pasados en los que podíamos apagar todo durante una hora y darle un descanso a nuestros cerebros. Si ese es el caso, puede ser más difícil para usted imaginar una hora al día sin los estímulos de los aparatos electrónicos.

Sin embargo, darle al cerebro la oportunidad de respirar será una revelación para cualquiera. Nos bombardean con peticiones, micro dosis de información, y nos sentimos obligados a llenar cada minuto con tareas. ¿Qué pasó con el tiempo a solas? ¿Por qué sentimos que el tiempo que pasamos solos no es relevante?

Llámelo meditación, llámelo recuperar su terreno mental, llámelo «tiempo para mí». Como sea que lo llame, solo hágalo. Significa que no hay teléfono, ni portátil, ni televisión, ni libros, ni siquiera radio o música. Está a punto de conocer a su cerebro y tener una charla significativa. ¡Disfrute!

Rechace verse obligado a cualquier cosa

Estamos rodeados de medios de comunicación e información de tipo «*click-bait*». Requieren decisiones instantáneas, y respuestas desinformadas. Puede que esté acostumbrado a ver un post en línea y responder en segundos. Esta es una forma de adicción y debe detenerse. El mundo no se derrumbará si no comenta lo que su amigo piensa sobre un lindo post de un cachorro.

Haga preguntas sobre lo que ve. ¿Es relevante para su vida, y se beneficiará de ello en algún aspecto? Si la respuesta es no, entonces ignórelo. No sea una oveja, no siga la opinión popular solo para encajar. Sea la persona que cuestiona las nociones preconcebidas a las que todos estamos sujetos.

Dese tiempo para considerar todas las opciones

Si necesita más tiempo para pensar sus decisiones, entonces dígalo. Sea firme y dígale al mundo que no le va a empujar. Puede parecer un concepto alienígena las primeras veces que lo intente, pero a medida que su confianza crezca, también lo hará su resolución.

Aprenda de los errores

Todos los cometemos; todos vemos que otros los cometen. Los errores, las fallas, los defectos y las equivocaciones son parte de la vida humana. ¿Por qué entonces se nos hace sentir como un fracaso cada vez que los cometemos? Levante las manos, admita que se equivocó y anímese a aprender de los errores. Otras personas verán que está dispuesto a admitir cuando se equivoca y le respetarán por ello.

Cómo evitar ser manipulado en las relaciones

Hemos discutido cómo la guerra psicológica puede afectar las relaciones y llevar a un compañero a ser el manipulador. Si siente que la situación está completamente fuera de control, entonces debe ponerle fin. Pero si existe la posibilidad de hacer que algo suceda para mejorar la relación, entonces debe intentarlo.

1) Pregúntele a su pareja algo nuevo y excitante: si han estado juntos por algún tiempo, puede ser que la comunicación se haya convertido en un hábito. «¿Cómo fue tu día?» y «¿Qué pasó en el trabajo?» son aburridas cuando son preguntas diarias. Intente hacer un esfuerzo y preguntar algo que realmente quiera saber. Intente preguntas como: «¿Cuál es el mejor recuerdo de tu infancia?» o «¿Has soñado alguna vez con viajar al espacio, y cómo crees que sería?» Cuando hace un esfuerzo extra para crear una conversación significativa, le muestra a su pareja otro lado de usted. Quiere saber más porque le ama.

2) Dense tiempo para estar juntos: ambos deben ser capaces de tener actividades independientes, y esto es importante. Sin embargo, a veces podemos ser inflexibles a la hora de ajustar nuestros horarios en caso de que parezca que estamos mostrando debilidad. Trate de hacer citas. Tal vez podría dejar la clase de *spin* o la sesión de gimnasia para ir al estreno de una película a quieren ver. No debería tener que hacer sacrificios, pero las citas están bien.

3) Dejar atrás el pasado: si le ha preocupado un comportamiento pasado, entonces debe enterrarlo y seguir adelante. Al aceptar intentarlo de nuevo, está dando su perdón. Esto significa que no puede dejar que los problemas del pasado afecten su futuro.

4) Recuerde las pequeñas cosas: a veces, nos preocupamos demasiado por los grandes gestos y las muestras de afecto exageradas. Los pequeños detalles pueden ser igual de importantes. Por ejemplo, si su pareja menciona que necesita tener una reunión importante con un cliente la próxima semana, tome nota del día en que se reunirá.

Cuando su pareja llegue a casa esa noche, hable del tema. Le encantará que lo recuerde, y eso demostrará que le importa.

5) Mostrar afecto: ¿es culpable de complacencia en su relación? Tal vez los dos lo son, y puede parecer anticuado. Traigan de vuelta el romance y muestren a su pareja algo de afecto. Tómense de la mano cuando salgan de compras o sorpréndale con una noche romántica en casa. Las flores y los dulces pueden parecer cosas de niños, ¡pero funcionan!

Cada relación es diferente, y ninguna es perfecta sin importar lo que le digan. Las relaciones de calidad son lo que todos anhelamos, pero a veces debemos esforzarnos. Si cree que vale la pena salvar la relación, sabrá cuáles son las mejores formas de asegurar que suceda.

Cómo evitar la manipulación en general

Primero, debe darse cuenta de que todo el mundo puede ser un imbécil de vez en cuando, pero algunas personas parecen incapaces de ser otra cosa. Las personas tóxicas a menudo son incapaces de cambiar, así que deben ser evitadas. Si sabe que ciertas personas están empeñadas en hacerle sentir miserable, ¿por qué sigue en contacto con ellas?

Deshágase de las personas que son como Dr. Jekyll y Mr. Hyde. Todos somos propensos a los cambios de humor, pero cuando alguien es completamente encantador con usted un día y al día siguiente es irritable o malhumorado, puede tener una personalidad tóxica. Si una persona se niega a responder a sus llamadas o desaparece de su vida durante días sin razón aparente, entonces está jugando con sus emociones. Este tipo de manipulación no es aceptable, y deben ser eliminados de su vida.

Sea consciente de sus propios sentimientos

Cuando experimentamos manipulación o abuso emocional, a menudo nos quedamos con sentimientos que son difíciles de definir. Nos preocupamos demasiado por lo que siente la otra persona y por lo que hemos hecho para molestarla. Tómese el tiempo para reflexionar sobre sus propios sentimientos para variar. ¿Está experimentando culpa o vergüenza por sus acciones? ¿Por qué debería sentirse mal por el comportamiento de otra persona?

La verdad es que las personas razonables, equilibradas y emocionalmente estables a menudo se preocupan más por ser buenos con los demás que por sus sentimientos. Deje de hacer eso y escuche las alarmas que suenan en su cabeza. No tiene razón para sentir vergüenza o culpa. Empiece a sentirse enfadado por cómo le han tratado y dese cuenta de que no ha hecho nada malo.

Conviértase en un buen oyente

Hay una clara diferencia entre alguien que intenta manipularle y alguien que intenta que vea su punto de vista. Podemos estar demasiado a la defensiva si hemos experimentado manipulación en el pasado. Abra sus oídos y trate de entender lo que la otra persona está tratando de decirle. Si son propensos a usar generalizaciones y declaraciones que están diseñadas para aplastar sus puntos de vista, entonces tome nota.

Los narcisistas no quieren oír sus matices, y se negarán a reconocerlos. Si todo lo que puede oír son términos ilógicos en blanco y negro, entonces aléjese. Debe aclarar la razón de su partida. Dígales que su tiempo es demasiado valioso para escuchar su estilo de retórica de «disco rayado».

Evite la triangulación

¿Tiene algún amigo que le diga repetidamente lo que los demás dicen de usted? Le dirán que es por su propio bien y que necesita saber la verdad sobre cómo le ve la gente. Les encanta informar de falsedades sobre lo que dicen los terceros. Esta es una forma en la que los manipuladores tratan de atraerle. Se presentan a sí mismos como la única persona de confianza en su vida.

Este método se conoce como «triangulación» y debe ser evitado a toda costa. Debe darse cuenta de que el tercero en el drama es tan víctima como usted. Intente invertir la situación y unir fuerzas con la tercera parte para cambiar la situación de la parte manipuladora.

Mejore el control encuadre

¿Qué es su «control de encuadre»? En pocas palabras; es cómo reacciona a una interacción. La vida está llena de interacciones, y cómo las ve es cómo controla su encuadre. Pueden ser afectadas por el tiempo, el lugar, la intención y el flujo natural. Un encuadre fuerte requiere una voluntad fuerte. Debe conocer su mente y demostrar a los demás que no es fácil de influenciar.

Tomemos el ejemplo de un vendedor y un cliente. El cliente tiene la intención de averiguar un precio sin comprar un producto, ya que quiere explorar otras opciones. El vendedor tiene el encuadre de venderle al cliente algo sin importar qué. El individuo con el control más fuerte de encuadre logrará su objetivo.

Ejercicios de fortalecimiento del encuadre

Si siente que su encuadre puede ser susceptible y necesita trabajo, pruebe estos ejercicios de fortalecimiento de encuadre. Al igual que los músculos normales, su mente necesita entrenamiento de vez en cuando.

1) Apéguese a la lista: si le resulta difícil ignorar los atractivos del supermercado, intente esta sencilla tarea. Haga una lista y no compre nada más. Si está decidido a comer saludablemente, ¡puede distraerse con una bolsa de papas fritas bien colocada! Utilice el control de encuadre para ceñirse a lo esencial.

2) Haga sonreír a alguien todos los días: cuando tiene un encuadre fuerte, la gente quiere estar con usted. Si puede hacer sonreír a la gente con su personalidad, está a mitad de camino. Nadie le está

sugiriendo que se convierta en un comediante, pero intente ser divertido. Pruebe el objetivo de hacer sonreír a una persona por día.

3) Dormir a tiempo: ¿alguna vez ha rebasado la hora de dormir? Sabe que tiene un día muy ocupado mañana, y que debería dormirse a las 11 p. m., pero es más de medianoche, y todavía se tomará diez minutos más antes de irse a la cama. Decida la hora de dormir y apéguese a ella.

4) Tome clases de actuación: si quiere convertirse en una fuerza de la naturaleza, ¡tome lecciones de actuación profesionales! Una clase de actuación le ayudará a proyectar su voz, a usar sus gestos para transmitir el significado que quiere y a sostener un encuadre fuerte. Actuar consiste en convertirse en una persona diferente durante un tiempo determinado. Si quiere ser un actor consumado y creíble, tome clases.

5) Tenga metas en la vida: las personas con encuadres fuertes suelen tener metas en la vida. Aquellos con encuadres más débiles tenderán a ir a la deriva. Si tiene metas bien definidas en la vida, puede descartar trivialidades. Concéntrese más y confíe en que puede lograr lo que se proponga. Establezca metas en su carrera, relaciones, salud y asuntos espirituales para convertirse en un individuo completo con un encuadre impresionante.

La importancia del encuadre no se puede enfatizar lo suficiente. Si tiene un encuadre mental de confianza y optimismo, reconocerá los posibles ataques psicológicos. También aprenderá a analizar lo que otros le dicen y a desechar asuntos triviales.

La conclusión es que todos somos sujetos de una guerra psicológica todos los días. Usted sabrá cuáles son sus debilidades y cómo lidiar con ellas. No hay una solución rápida para librarse de la gente tóxica, pero combinar métodos le ayudará a vivir una vida más saludable y feliz.

Conclusión

Gracias por leer *Guerra psicológica: La guía fundamental para entender el comportamiento humano, el lavado de cerebro, la propaganda, el engaño, la negociación, la psicología oscura y la manipulación.* Ahora conoce los peligros de la guerra psicológica y cómo prevalece en la sociedad. El conocimiento es poder, y saber cómo tratar con la gente también puede ser empoderador.

A menos que planee vivir en una cueva por el resto de su vida, tendrá interacciones sociales, y saber cómo lidiar con ellas es un ingrediente clave para el éxito. También está mejor equipado para descifrar lo real y lo falso, y para reconocer el uso de la propaganda. Buena suerte con sus nuevos conocimientos, ¡utilícelos bien!

Vea más libros escritos por Neil Morton

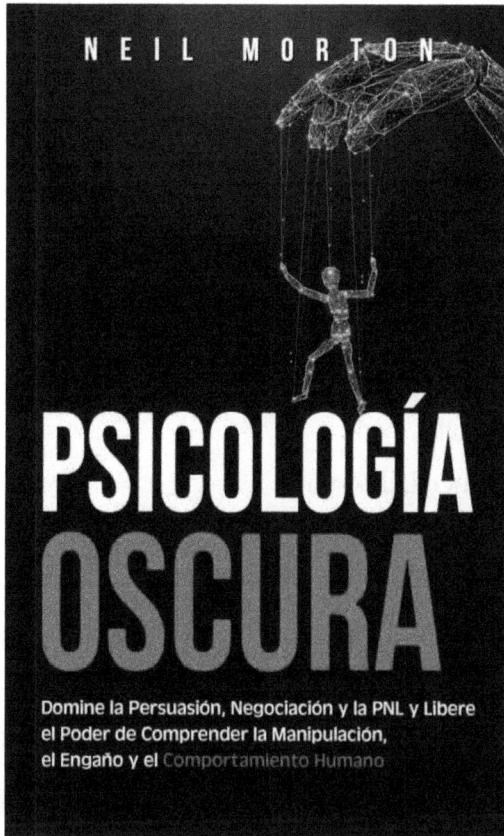

Referencias

http://www.thoughtco.com

http://www.sciencedaily.com

http://www.scientificamerican.com

http://www.theconversation.com

http://www.psychologytoday.com

https://psychcentral.com/

http://www.time.com

http://www.bustle.com

https://www.rewire.org/

https://www.historians.org/

https://exploringyourmind.com/

http://www.theverge.com

https://www.cracked.com/

http://interestingengineering.com

http://www.howstuffworks.com

https://www.iapm.net/en/start/

https://www.theplaidzebra.com/

http://www.aconsciousrethink.com/

https://www.parcast.com/

http://www.everygirl.com

http://www.lifehacker.com

www.ingramcontent.com/pod-product-compliance
Lightning Source LLC
Chambersburg PA
CBHW070800300326
41914CB00053B/757